YAKISOBIBLE
ヤ・キ・ソ・バ・イ・ブ・ル

面白くて役に立つまちづくりの聖書

渡辺英彦

静新新書
011

目次

目　次

第1部　「旧焼聖書」＝THE OLD TESTA麺T（B.C.＝2000年以前）

1. 創麺記（麺地創造）＝GEMENSIS

“Let there be YAKISOBA”はじめに「ヤキソバ在れ！」と神は言われた、そんなわけないが私が物心ついた頃にはすでに富士宮の町じゅうにソースの香りが漂っており、その「ヤキソバ」は存在していた。その「ヤキソバ」はその後ダーウィンが聞いたら驚くほどに何も進化することなく、当時のままの姿で地元住民に親しまれ続けて今日も確かに存在している。以前富士宮へ取材に来たアウトドア系雑誌＝「BE－PAL（ビーパル）」記者の言葉を借りるならば、富士宮のヤキソバは「ガラパゴス状態」のヤキソバと言えるのである。町じゅうにガラパゴス状態のヤキソバがあるなら、富士宮はヤキソバの「ジュラシックパーク」ではないか!?　確かにそんな顔のおばちゃんもいるにはいるが…。

そのヤキソバに欠かすことの出来ない麺は、大戦中富士宮から出兵していた兵士＝現在のマルモ食品工業の創業者（現望月会長）が、戦地で食べたビーフンの味が忘れられず、復員した富士宮で再現しようと試みたのだが、戦後物不足の時代に米を仕入れることは困難で（ビーフンの原料は米）、配給の小麦粉を利用し同じような食感を味わえる麺を作ろうと試行錯誤を繰り返した結果生み出したものであると言われている。一般に「むし麺」として流通しているものは蒸した後で湯通し（ボイル）するのが一般的だが、富士宮の蒸し麺は蒸した麺を湯通しせずほぐして（冷やして）（以前は手作業で箸を使ってほぐす作業をしていたが、現在は機械化されている）表面に油をコーティングする製法を採っているため、水分の含有量が極端に少なくかたい麺に仕上がるのだが、その食感こそが富士宮のヤキソバに欠かすことの出来ない大きな特徴となっており、他地域のヤキソバと一線を画すものなのである。

〈解説〉

現在では、前述の「マルモ食品工業」に加えて、「叶屋」と「曽我めん」の3社が富士宮独自のヤキソバの麺を製造している。以前はさらに何社か製麺会社があったが、市街地の衰退とともに姿を消していった。

2．幼麺記（駄菓子屋・やきそば・巨人の星）

その後、その水分の少ない麺は冷蔵庫で保存しなくてもある程度日持ちもするため、駄菓子屋を中心に広く地域に普及していったようだ（現在では、駄菓子屋以外に、鉄板焼き系、和・洋・中食堂系、居酒屋系、テイクアウト系など様々なスタイルの店が富士宮市内に150軒以上もある）。麺自体も仕入れ可能な安い材料で作られたものだが、駄菓子屋という環境が背景にあることから調理法も至ってシンプルなかたちで広まっていく。麺とキャベツを油（主にラード）で炒めてソース（ウスター系が多い：ウスターソースというのは、とんかつソースなどに比べて粘性が低く、つまり薄いソースだから「ウスター」という名前がついたのだ！　と思っている人がまだ多いかもしれないが、これは本来イングランド中部のウスターで1854年に工業的に作られたものが渡来したものであり、濃度とは基本的に関係がない。異言語間における共通音の存在には面白いものが数多くあるものだ。日本では明治維新以降醤油を

主原料に様々なソースが開発されるが、とんかつソースが現れるのは第二次世界大戦以降のことである）を使い、焼き上げたヤキソバに魚（主に鰯）の粉＝だし粉をかけて食べるという代物である。

この肉かすとだし粉のコンビネーションも富士宮のヤキソバの大きな特徴であり、他地域のヤキソバには見られないものである。恐らく当時は肉も価格が高かったため、それ自体としてあまり用途のない肉かすを使って肉の旨みを出すというリサイクルの知恵が活かされたものだが、筆者の聞くところによるとこれは、市内の食肉業者＝㈱さの萬の創業者である佐野萬蔵氏が考案したものであるという。ヤキソバやお好み焼きには通常天ぷらの天かすが使われていたが、肉かすを使うことにより更に美味しくなることをヤキソバ店に提案したものらしい。だし粉に関しては誰の考案によるのか定かではないが、やはり安価な鰯の粉を使って豚肉との組合せにより独特な風味を出すことに成功している。いずれも「カス」と呼ばれるほど食材としては非常に安いものを活用していることから、私は「カスの文化」であると主張している。ところが最近はこの「カス」が主役となってしまい、肉かすを大量に製造するため、搾られたラードが余ってしまい、そのラードを入れる缶が足りなくなってしまうという、まるで「風が吹けば桶屋が儲かる」ような現象が起きている。今日、ラーメンの世界においては魚介系のスープに豚の背油を合わせるもの（尾道ラーメン等）は比較的メジャーなものになっているが、やきそばの世界においては他にこのコンビネーションで食されているものを私は知らない。

駄菓子屋のヤキソバ

　私が小学生だった頃というのは、ＴＶで星一徹がちゃぶ台をひっくり返していた頃？　であり、私は毎日のように駄菓子屋へ通っていたものだ。富士宮というまちは、日本一の山＝富士山の登山口であり、富士山を御神体とする富士山本宮浅間大社を中心とする門前町として発展し（全国に〝浅間神社〟名の付く神社は約１３００社あると言われており、ここがその総本宮、一番偉いのである！　その証拠に富士山の八合目から頂上までの範囲は富士宮浅間大社の社領であると最高裁判所が判決を下している。～これは特に静岡市の方々に言っておきたい「静岡の浅間神社より偉いのだ、よく憶えておくように！」）、「大宮の市」を起源とする商業（「大宮」とは浅間大社を指すが、「富士の大宮」から「富士宮」という地名となった）、富士市と同様に製紙、更にオーミケンシなどに代表される製糸業も盛んであったことから買い物客、観光客に加え就労人口も非常に多く、夜は花柳界が盛んで（「高しま家」、「新杵家」など芸者を数十人も抱えている置家もあった）表通りだけでなく路地裏や横丁にも人が溢れているという現在の様子からは想像出来ないほど賑やかなまちだったのである。

今ではどこのまちにもコンビニエンスストアーやマクドナルドに代表されるファーストフードがあるが、当時は前述の駄菓子屋がその代わりと言えるものだった。店先にはアイスキャンディーの入った冷蔵ＢＯＸ、くじ（舐めると「スカ」なんて字が浮き出るやつ）を兼ねた駄菓子やおもちゃの類（メンコや、銀球鉄砲など）が並び、土間の奥には大きな鉄板のはめ込まれたテーブルがあった。私が握り締めてきた十円玉を差し出すと、おばちゃんはその数に応じた量のヤキソバやお好み焼き（地元では「洋食」と呼ぶ市民が多い）を焼いてくれた。ソースの焦げる香ばしい香りに包まれて店置きの子供用週刊誌＝「少年マガジン」を読む時間はまさに「至福のひととき」であった。

私の一番のお気に入りは勿論「巨人の星」だ。「アタックＮＯ．１」と並び、〝スポコンもの（スポーツ根性もの〜もう死語の世界か？）〃の代名詞とも言うべき作品であり、TVゲームもない時代に子供達の心を躍らせる貴重なマテリアルであった。ページの所々が先客のこぼしたやきそばでくっついてしまい、無理にはがそうとすると台詞の読めないところがあったりするのだが、星飛雄馬（ほしひゅうま）と彼の宿命のライバル＝花形満や左門豊作との死闘、大リーグボールの開眼（若い読者は知らないだろうが、大リーグボールは飛雄馬が開発した変化球＝魔球で一号から三号まであり、一号は打つ気のない打者のバットを狙い打つ魔球、二号は何と消える魔球、三号は更にエスカレートしてバットを避けて通る魔球なのだ。三号は指の腱を酷使する為最後は腱が切れて選手生命に終止符を打つという悲劇を迎える）。飛雄馬は父一徹との父子の葛藤、青春を野球一筋に打ち込みながらも恋に悩み、親友伴宙太との友情に支えられながら、恋人＝日高美奈（このあたりまでくるとかなりオタク）の死を乗り越えて逞しい「巨人の星」へ成長していく。そんな飛雄馬の姿に憧れ、この劇画を通して私が学んだ人生訓は数知れない。私にとって飛雄馬の大リーグボールはすべて駄菓子屋の鉄板を前に誕生したものであり、そこには「ヤキソバ」と共に「少年時代の夢と郷愁」が同居しているのである。思えば「飛雄馬」という名前の語源にあたる〝HUMANITY〃＝「人道主義、人間らしさ、人文科学…」という人生に於ける重要な語彙を何と私は最初に駄菓子屋で学んだということになるのだ。
そして、そんな背伸びをする子供達を手馴れた手つきでヤキソバを焼きながら、はっきり言って商売としては所詮「一文商い」で大した儲けにもならないにもかかわらず優しく接してくれたおばちゃんは「巨人の星」とともに欠かせない存在であり、今でも当時のおばちゃんの笑顔は鮮明な記憶として脳裏に刻み込まれている。

〈解説〉
「富士宮やきそば10箇条」～富士宮やきそば学会公式ガイドブックより

第一条：富士宮独自にその製法が確立した富士宮の「むし麺」を使っている。
第二条：鉄板にひく炒め油にラードを使用することが多い。
「動物性の脂なので時間の経過によって味が低下するので、持ち帰りの場合など、早めに食べることをお勧めする。その理由からか、最近では植物油を使う店も増えている」
第三条：ラードをしぼった後に残る「肉かす」を具材としてほとんどの店で使っている。

「良質な肉かすはサックリ軽く、ナッツにも似た甘味がある。肉屋によって使う肉も異なるし、製法も若干違うので肉屋の腕の見せどころ」

第四条：キャベツは富士宮産高原キャベツを使う店が多い。

「麺の食感に合わせて歯応えの良いものが好まれるので、水分が多くて柔らかい春キャベツは向かない。富士宮はキャベツの一大産地でもある」

第五条：多くの店がソースを独自にブレンドし、味を競っている。

「メーカーの品をそのまま使う店から市販品を混合するところ、ダシや果物などを加えて調味する店まで様々だが、歴史的にウスターソースを使う店が多い。最近店によってはとんかつソースなどをブレンドする店もある。メーカーとしては、ワサビ印ソース、太陽ソース、火の鳥ソース、おたふくソースが代表的メーカーである」

第六条：富士山の恵み、美味しい水に誇りをもって調理に使う。

「富士宮が食材の宝庫なのは、富士山の湧水によるところが大きい。麺そのものの加工にも使われるが、ヤキソバの調理に際して麺の硬さを調節するために使われる水も湧水を直につかっている店もある」

第七条：削り粉、青海苔、紅ショウガが主なトッピング、具材は店により多様化する。
「削り粉は鰯が主、鯖も入ることもある。紅ショウガは地元ブランドの〝ミカチャン〟印が最も多く使われている」
第八条：厚く大きな鉄板が肝心、強い火力で一気に焼くから美味しい。
「同じ鉄板を40年以上使っている店もあり、長年使い込んだ鉄板は油を吸込んで上手く焼ける。鉄板と店主は一心同体の関係」
第九条：店の人が焼く、お客自身が焼く、各店スタイルが違う。
「お客自身が焼くスタイルの店でも、初心者は焼いてもらうこと、焼き方を間違えるとせっかくの富士宮やきそばが台無しに」
第十条：鉄板から直に食べる店、皿に盛る店、食べ方も店の個性。
「鉄板から直に食べるのが富士宮の伝統的駄菓子屋スタイル、唐辛子などをかけて食べればさらに美味しい」

3．出フジノミヤ記＝YAXOBUS

脳無超麵好Noam Chomenskyへの道

私が富士宮のヤキソバが他地域のものと違うことを知ったのは中学1年のときのことである。富士宮市立大宮小学校（中心市街地の中心の学校）を卒業した私は、当時ではめずらしく（富士宮では今でもそうだが）中学受験を経験し、静岡市にある静岡聖光学院中高等学校に入学した（本当の神童なら灘やラサールなどを目指すのだが…）。と言っても、別に特別な向学心や人生における目標があったからではない。当時富士宮の公立中学はすべて丸刈り＝坊主頭にすることが義務付けられており、それを回避するには受験以外にはなかった。当時の私は、自分の頭の形に関して脳天の部分が平らだというコンプレックスを持っており、親もあわよくばエリートコースに乗せ、末は博士か大臣か？　社会的地位の高い職業について欲しいなどという通俗的欲をかいたため、そこに需要と供給のバランスが成立？、めでたく私立中学進学と相成ったわけである。片道2時間～2時間半の通学時間は12歳の少年には負担が大きいと両親が判断したことにより、中学1年生にして早くも私は静岡市内の親戚の家に下宿することになる。

一見過保護にも思える判断だったのだが、このときの1年間がその後の私の人生のあらゆる面に大きな影響を与えることとなった。下宿先は後に静岡県立大学国際関係学部長となった言語学者、故美尾浩子教授宅であったこともあり、少なくとも語学を含む人文科学（HU

MANITIES）の分野においては最高の個人教授を得たと言ってよい。国際基督教大学（I．C．U．）に進学し言語学を学ぶことになったのも彼女のアドヴァイスによるものだし、私が「オヤジギャグ」も含めて「言葉の力」というものを重視する体質になったのもまた彼女の影響が大きかったと思う。お世辞かもしれないがある時彼女が私に、自分の後を継いで言語学の道を歩むのであればそれまでの研究成果や書籍などを全て譲り渡してくれると言う旨の言葉をかけてくれたことがある。彼女が米国留学時代の同僚である教授に推薦文まで書いてくれたにもかかわらず、優柔不断な私は大学で講義をサボりまくり安易な学生生活を送った結果、言語学者のノーム＝チョムスキー（Noam Chomsky）を目指すはずが、「麺語学者」の「脳無超麺好（Noam Chomensky）」になってしまったのである。学究生活を放棄した私に彼女はさぞや失望したことだろう、未だに後悔していることの一つである。昨年、㈶しずおか産業創造機構の紹介で静岡県立大学において学生対象の講座を設けさせていただく機会があったが、教壇に立った際、もし彼女が生きていたら少しは喜んでくれたかもしれないと、一人感慨にふけってしまった。

また中学、高校という多感な時代をカトリック系6年間一貫教育のミッションスクールで尚且つ男子校という特殊（異様？）な環境で過ごしたことは、キリスト教徒でない私にも多大な影響を及ぼしたように思う。設立間もない学校（私は3期生）で当時の校長はフランス系カナダ人でカトリックの教育修道士であるピエール＝ロバート先生であった。残念ながら、先生は２００５年、ローマ法王ヨハネ・パウロ2世の後を追うように帰天された。不勉強な生徒は罪人扱い、神を信じない生徒は動物と同じ等々、当時何故あれほどまでに厳しく生徒を指導するのかよく理解出来なかったのであるが、その後自分も親となり子供の教育を真剣に考えるようになって、先生の数々の言葉が重く心に響いてくるのを感じたものである。大学で後日キリスト教文化の講義で、中世ヨーロッパにおいてアリストテレス哲学がトマス・アクイナスによってキリスト教化され、ルネッサンスにおいてダンテの「神曲」等にその集大成を見ることが出来ることなどを学んだが、当時多言語の影響と思われる（先生は英語、仏語、日本語など六カ国語を操るマルチリンガルだった）独特な口調で、「アリストテレスヲヨムコトハ、セイトニトッテヒツヨウデス」などと言われても全く理解出来ず、「口うるさい教師」というイメージしかなかった。しかし、現在のように道徳や公共精神の欠如が表面化し、「品格」などという語彙が盛んに使われるようになってロバート先生の言わんとしたことが遅かりしようやくわかってきたような気がする。先生の厳しさは教育に対する情熱の裏返しであり、教師の熱意に応えることは神と人との契約に近いもので、生徒はその熱意に応える義務があるのだという内容の発言をされていたことを思い出す。先生のその期待に応えられるような生徒では全くなかった私だが、最近富士宮のヤキソバを通しての地域活性化運動を推進すればするほど、地域住民の意識レベルの高揚を促す「教育」というものの重要性を痛感すると共に、先生のもとでもっと真摯に勉学に取り組んでおくのだったと後悔することしきりである。

さて、話は大分感傷的になってしまったが、当時の我が母校＝聖光学院は校則が大変厳しく、校則のテストまで存在し（確か「モーゼの十戒」もテストで書かされた記憶がある）、下校の際どこかに立ち寄る場合には何と「立ち寄り許可証」なるものが必要というとんでもない？　学校であったのだが、どういう訳か、私の場合？　は静岡市内の様々な飲食店に立ち寄った経験を持つ。ラーメン、カレー、スパゲティやピザは何処が美味いのか中学生なりに認識していた記憶がある。静岡の商店街の店はほとんど隅から隅まで知っており、特に書店、文具店、レコード店の類いは毎日のように立ち寄っていた。「どこかの店の店員がキャンディーズのミキちゃんに似ている？」などと聞けば必ず確認しに行った。勿論そのなかにはお好み焼きやヤキソバという鉄板焼きの店も含まれており、今まで全く経験したことのない味に出会ったのはそんな店でのことである。富士宮の店（駄菓子屋）と比べると値段も格段に高かったのでいつも食べられるというものではなかったのだが、特にヤキソバに関しては明らかに自分が食してきたものと違う味、違う食感であったことを記憶している。麺は食べやすく柔らかい反面腰がなく、具材も妙に豪華でヤキソバというよりはスパゲティか鉄板焼き料理であり、確かに美味しいものではあったが、自分のそれまで抱いていた質素なヤキソバの概念を大きく逸脱していたのだった。「これがヤキソバなのか？」素朴な疑問を抱いたのは今から40年近くも前のことである。

それから約30年間、当時の疑問も解消されることなく忘れ去られ、少なくとも私の知る限り表立って問題視されることもなく、富士宮のヤキソバに於いては高度経済成長もバブル経済も何処吹く風、何の影響も受けることなく時間の流れが止まってしまったのだった。進化に取り残された島＝ガラパゴス、未踏の原生林、手付かずの世界遺産…、私の好きなギタリスト：鳥山雄司の〝ＳＯＮＧ　ＯＦ　ＬＩＦＥ〟（ＴＶ「世界遺産」のテーマ）がＢＧＭに聞こえてきそうだが、悪く言えば何の工夫もされることなく、頑なにそのスタイルを守り続けそれ故に着々とオリジナリティーとポテンシャリティーを高め、やがて来る「ヤキソバの夜明け」とも言える大ブレイクを待つことになる。ヤキソバにも「夜明け前」があったことなど、島崎藤村だって？、ましてや富士宮市民は誰一人として知る由（「よし」と読んでね！）もなかったのである。

私はこの後起きる富士宮のヤキソバに関する大変化に対して、この夜明け前の時期を富士宮のヤキソバに於ける「紀元前：B．C．（Before Christ）＝キリスト生誕以前」と言っても過言ではないと考えている。じゃあ誰かがキリストに相当するのかって？「驕る平家は久しからず」、ましてやキリストのような受難の道を歩みたいなどとは思っていない。いずれにしてもその大変化はキリスト生誕2000年＝millennium（至福千年）の年に起きることになる。その様子は「紀元後：A．D．（Anno Domini）にあたる「新焼聖書」で詳細に解説する。

第2部「新焼聖書」＝THE NEW TESTA麺T（A．D．＝2000年以降）

1．G麺記

(1)大聖麺の啓示（路地CUL　WALK－TOWN　富士宮）

話は一気に1999年＝平成11年である。本書は私の自叙伝というわけではないので、（本当はここまでの期間が一番バカバカしいことをやって過ごしてきたので話としては面白いのだが恥ずかしくて書けない）省略させていただく。中学、高校を静岡市、大学＋就職で約10年間を東京で過ごした後富士宮に戻った私は、いつの間にか地元のまちづくり活動に参加するようになっていた。元来控えめな性格な私は（今では誰も信用してくれないが）自分から積極的に新たな組織に参加する性格ではない。帰郷したばかりの私は地元に16年のブランクがあり、ほとんど「よそ者」状態であった。

考えてみると私は中学、高校、そしてさらに大学もミッション系なのだが、これで地元の自動車変速機メーカーにでも就職していようものなら、一生（トランス）ミッション系？の生活を送ることになったかもしれない（入れてくれないか？）。〜実は別な麵（面）？でミッション系の生活を送ることになってしまうのだが…。この「よそ者感覚」を引きずっていたことが今になって自分のまちを客観的に見ることに大いに役立っているわけだが、友達もろくに居ない私を小学校時代の友人が青年会議所（ＪＣ）に誘ったのが運のつき？であった。それまで人見知りする性格だった私は同世代の飲み仲間？を一気に獲得し、会合の後には必ず飲み会がある青年会議所活動にすっかりはまってしまったのだ。最初からまちづくりなどという高邁な目標があったわけではない、ただ誘われるがまま人恋しさに様々な活動に参加したというだけだ。御神火まつり、文化講演会、経営＆指導力セミナー、子供キャンプ等々、気が付いてみたら１９９７年には㈳富士宮青年会議所の理事長に就任、解っても居ないのに人前で偉そうに「まちづくり」や「地域活性化」などという言葉を吐くようになっていたのだった。

そして、１９９８年、直前理事長となった年、これも自分から望んだことではないのだが、静岡県主催の「静岡、未来、人づくり塾」（通称「未来塾」）に参加することになる。

未来塾は静岡県によると「21世紀の県土づくりの担い手となる中核的な地域リーダーを養

成する」ために設けられ、県内市町村、企業や各種団体などから参加した塾生は一年間の研鑽の過程を経て、「未来づくり学士」として認定され県内各地で地域づくりの実践活動に携わる人材となるべく養成されるというものである。青年会議所にも塾生募集の枠があり、お役ご麺（免）？　で一番暇そうな直前理事長にお鉢が回ってきたのであった。塾生はそれぞれ専任講師のゼミに配属され様々な講義や視察研修を通してまちづくりを学ぶのだが、私は地域活性化戦略研究所の花井孝先生のゼミに配属された。私は自分でも非常に運のよい人間だと思うのだが、このゼミは非常に居心地がよくゼミ生同士もはっきり言っていやなやつが一人も居らず、花井講師も大人の生涯学習というものをよく心得ている方だったので、学校にありがちな押し付け教育的なものは何も無く、まちづくり運動のあるべき姿、問題意識の持ち方、効果的なイベントの活用など、青年会議所で出来なかった長期的なまちづくり運動のイメージを自分なりに自由に膨らめることが出来たと感じている。ここでもまた、気が付いてみると完全にはまっており（洗脳され易いタイプなのかもしれない）、ゼミを代表して研究発表はするし、海外視察研修でドイツにも出掛けた。そしてここでも偶然静岡文化芸術大学の川口宗敏教授と一週間ホテルが同室であったため、まちづくりに関しての様々な示唆を得ることが出来た。未来塾で学んだことは、知識としては大した量ではないと思うが、以後自分の方向性に対しては多大な影響を与えることになったことは間違いない。今でも当時の塾生仲間とは親しく交流しており、花井先生をはじめとする未来塾の講師陣、スタッフには大変感謝している。未来づくり学士の仲間が卒塾後本格的な地域づくりの実践を行っているかどうか、その費用対効果が認められるかは県民の皆様が判断することだが、私個人としては人生に於ける転機を与えてくれたと言っても過言ではない県の事業として高く評価したいのである。

未来づくり学士となった私の前に、富士宮市の中心市街地は往時の賑わいは見る影もなく衰退し、完全なる（ミスター？）ドーナツ化＝空洞状態となって姿を現した。折しもまちづくり三法の一つである「中心市街地活性化法」が施行され、富士宮市でも「中心市街地活性化計画」を策定しなければならなくなっていた。富士宮市では今までにない取組みとして商工会議所と共催で、市民による中心市街地活性化ワークショップを開催、まちづくりに関心のある市民を募ったのであった。ここでも気が付いたら申し込んでいたというのが本当のところだ。未来づくり学士としての「血」が騒いだというのが正直なところだが、とにかくワークショップが始まってみると私はそこにいたのである。そしてここでも、商工会議所でコンサルタントを務めていた未来塾の専任講師であった地域デザイン研究所の望月誠一郎先生と一緒にワークショップを進めることが出来、後にやきそばマップの製作等尽力いただいたことも大変幸運であったと思う。

約60名の市民により2年間にわたるワークショップが展開されたのだが、私たちのグループでは、理想的な中心市街地とは表通りだけでなく、路地裏や横丁などまちじゅうが「歩いて楽しい」スペースであると位置づけ、路地裏や横丁などに埋もれたまちの歴史や文化の魅力を再発見するという視点で取り組んだのであった。その理想とする姿を表現したキャッチフレーズが「路地ＣＵＬ　ＷＡＬＫ－ＴＯＷＮ　富士宮」である。

(2) G麺始動（富士宮やきそば学会設立）

前述のまちづくりワークショップは、よくある行政企画にありがちな各種団体の長のみを集めたのではなく、中学生から自営業者、会社員や主婦、実に様々な市民が参加しており、自分達のまちに問題意識と危機感を持った非常に意欲的なメンバーも含まれていた。実際のワークショップは１９９９年から２０００年の2年間に亘り展開され、各グループごとに様々な意見が出されたが、具体的な活動内容が見出せないまま、結果的には「絵に描いた餅」状態の分厚い報告書が出来たに留まった。（と言っても我々のグループでは後のやきそば学会につながるであろうアイデアが出ていなかった訳ではない。「路地裏活性化学会」の設立などという案も出ていた）何処のまちでも同じだと思われるのだが、どうしても行政サイドで多くに呼びかけて組織した会では漠然とした結果しか得られなくてもある程度やむを得ない、期限付きで報告書をまとめなければならないからである。しかし、上述したようにこのワークショップには様々な立場の危機感を持った意欲的なメンバーが含まれていた為、より具体的で実効性のある計画が策定されなかったことへの不満が残った。その不満分子が60名の中に13名おり、その13名が正式なワークショップが終了した後に再集結し、より具体的な企画を求めて話し合いを続けることとなった。

何度目かのミーティングの際、従来から注目していた路地裏や横丁の話題から駄菓子屋の話題に展開、「そう言えば、富士宮のヤキソバって他のまちで食べるヤキソバと違うよね？」「どこが？」「初めて食べたときには輪ゴムみたいな食感が…」「エー？？」「それに、肉じゃなくて〝肉かす〟なんかが入ってるし、おでんにかける〝だし粉〟なんかかけて食べたりするよね」「そうそう、麺が固いんで焼くときに水を加えて、この水加減が難しいんだよね。でも、いろんなイベントの後にはしょっちゅうヤキソバを焼くし、大抵そういう時はお父さんの役目なんで、俺なんかヤキソバを焼かせたら右に出るものはいないいんだぜ！」「いやいや私だって家族で定期的に鉄板焼きの店に行くから、焼き方だったら負けないよ！」ことヤキソバの話になったら妙に盛り上がり始め、今まで黙っていたようなメンバーまでうんちくを語りだしたのだ。

富士宮の中だけにいたのであれば子供のころから食べ続けてきた富士宮のヤキソバが当たり前のヤキソバであるから、その特色＝オリジナリティーなどに気が付きようもないのだが、13名の居残り組には富士宮市外の生活を経験したことのある者、市外から富士宮へ転入してきた者などが含まれており、違いに気づくことになったのであった。

「昔から駄菓子屋では何処でもヤキソバを焼いていたよね」「今でも駄菓子屋は結構残っているんじゃないの？」「調べてみないとわからないよね」「タウンページとか見てみたらどう？」。調べてビックリ、県内の大都市＝静岡市や浜松市においてヤキソバやお好み焼きの店が、対人口比1万人に対して1〜2軒であるのに対して何と富士宮には7〜8件も掲載されている。これを見ただけでも富士宮にはヤキソバを提供している店が多いことが判る。「食べ物としても特徴があって店もたくさんあるのなら、新たな富士宮の特産品として位置付け対外的に情報発信を行えば、ヤキソバ目当てにまた富士宮のまちなかに来てくれるお客も増えるんじゃないの？」「そうだよね、じゃあ、調査部隊を組織して調べてみようか？」。

かくして居残り組みの具体的活動がスタートすることとなった。

更には、せっかく動き出すのだからマスコミにも発表しようということで、NHKに情報を流したところ、ワークショップ以来取材をしていた記者が大変興味を示してくれ、テレビ番組のなかで特集を組んでくれることとなる。はて、テレビが来てくれることは有難いのだが、正直なところまだ何も活動らしきことはしていない、ただ、今後ヤキソバを使って中心市街地活性化に取り組んでみることが決まっただけなのだ。

こういったとき、従来から青年会議所や未来塾を通してマスコミ慣れしている私の出番である。ただ単に富士宮市民がヤキソバを使ってまちづくり活動を開始するらしいというだけでもある程度話題性はあると思うが、マスコミがより喜ぶ情報は何かということを考えた私は、取材当日「実は、富士宮には〝富士宮やきそば学会〟という組織があるんですよ」「ほー?」「で、そのやきそば学会のメンバーは〝やきそばG麺〟と呼ばれていて、夜な夜な手弁当で富士宮に数多く存在しているやきそば店の調査活動を只今展開中なんです!」「へー!　それは面白そうですね!」。まだ何も活動してはいないのによく言ったものである。要するに、ホラを吹いた、もしくは風呂敷を広げたというのが実情なのだ。しかし、このホラがきっかけとなり富士宮やきそば学会はその後怒濤の如く活動を展開していく、いやむしろメディアが介在したことで必然的に帳尻合わせで展開せざるを得なくなってしまったと言える。

ＮＨＫがテレビ放映したことにより、各テレビ局の報道に火が点く形となった。「やきそば学会」という組織名も「やきそば」なのに「学会」というイメージのギャップが受けた上に、「やきそばG麺」が特に話題性があると評価されたようだ。「G麺」の語源は勿論アメリカのＦＢＩ（連邦捜査局）捜査官（Government-men）の略から来ているが、以前ＴＢＳ系で放映されていた「Gメン75」という番組のパクリである。残念ながら昨年亡くなってしまったが往年の大スター、００７シリーズにも出演した丹波哲郎さんが主演で、番組を知る人にはそのオープニングシーンは未だ記憶に新しい。耳慣れたテーマ曲に乗り、Gメン達が滑走路を横一列に並んで歩くシーンだ。当然テレビ局はこのパロディーを撮りたいわけであるから、やきそばG麺が富士宮のまちなかを背景に歩くシーンを何度も撮影し放映したのである。「富士宮にはG麺がいる！」「知られざるやきそば王国＝富士宮」等々、民放各局がこぞって放映し始めた為、富士宮はにわかに脚光を浴びることになってしまった。前述したようにまだ風呂敷を広げただけの状況なので実際の活動が追いついているわけでもないのに、テレビの視聴者がすぐに富士宮を訪れてしまうことになり、駅に降り立った訪問客がやきそば店を探しても何処にも見当たらず、まちなかで人に尋ねても「さあ？」という反応、「あんなにテレビで報道しているのに、インチキではないか、もう二度と富士宮になんか来ない！」と大変憤慨し、私の元に「不幸の（苦情の）手紙？」が届いたりした。考えてみれば当たり前なのだが、本来富士宮のやきそば店は表通りではなく、路地裏や横丁にあるのだから、表通りの商店街を見渡してみても見当たるはずがない。そして、ここから「やきそばG麺」の本格的活動が始まったのであった。

(3) う宮（うみゃー）！（富士宮やきそばマップ＆のぼり旗）

私がNHKにホラを吹いたのが2000年11月29日、奇しくもその日が「富士宮やきそば学会」の設立日となったわけだが、決してホラを吹いただけではなく実際の活動以前に取材に来てしまっただけのことであり、私を含めて13名の「やきそばG麺」はその日以来市内の飲食店組合や喫茶組合の名簿をたよりに真面目に調査活動を開始した。店の場所、営業時間、メニュー内容、値段、等々調査票片手にまちじゅう歩き回り、150軒以上の店のデータベースを構築した。そのデータベースをもとに「富士宮やきそばマップ」を作成、同時にオレンジ色ののぼり旗も作成し、地図に掲載されている店にはのぼり旗を立ててもらうべく案内した。このののぼり旗には富士宮やきそばの愛称もつけている。富士宮の「宮」に「う」をつけて「う宮」、「うみゃー」と読む。名古屋的なネーミング？ であるが富士宮周辺でも使われていた方言で、今でも年配の方が使っているのを耳にすることがある。更に学会のマークも作成した、ヤキソバを焼くヘラをクロスさせその上に「学」の文字を重ねたものだ。「ヘラはペンよりも強し」福沢諭吉も真っ青なこのマークは以後登録商標としてやきそば学会会員のバッヂや学会公認の商品のシールなどに使われることになる。このやきそばマップとのぼり旗が完成したのは2001年4月のことであった。

(4)富士宮やきそばＢＩＧ ＢＡＮＧ（第1次やきそばブレイク）！

やきそばマップが完成した翌月のゴールデンウィークは大変な騒ぎとなった。4月の時点で、再び各テレビ局が富士宮においてやきそばマップが完成し、のぼり旗を目印にしてヤキソバの食べ歩きが出来ることを報道するや、雪崩を打ったようにやきそばを食べる為のお客が殺到した。来訪者数は定かではないが、あるやきそば店のおばちゃんは朝から晩までやきそばを焼き続け、昼食を摂る暇もなく休み明けには腱鞘炎にかかり、外科に通うという現象まで起きた。また、富士宮のヤキソバは一食ずつ袋詰めされているが、一店のスーパーマーケットで5000食の麺が売れ、売り場からヤキソバの麺が消えてなくなり、肉かすに至っ

「やきそばマップ」に改訂版

掲載店数40増やす

おすすめメニューを紹介

富士宮の学会

富士宮やきそば学会（渡辺英彦会長）は六日、富士宮市宮町の富士山本宮浅間大社参集所で、市内の焼きそば店店主や製麺（めん）業者との懇談会を開き、「富士宮やきそばマップ」の改訂版を披露した。約五万部を印刷し、今月末に発行する予定。

富士宮やきそば学会と製麺業者や焼きそば店店主らとの懇談会＝富士宮市の富士山本宮浅間大社参集所

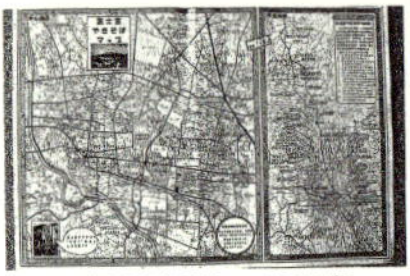

富士宮やきそばマップの改訂版

改訂版はB3判。市内の焼きそば店百四十六店舗の場所を地図上に示すとともに、住所や電話番号、営業時間、休日、車の駐車可能な台数、料金、おすすめのメニューなどを紹介している。「ソースがおいしい」「キャベツが多い」など学会員が調べた特徴も記している。

地図は市内中心地区と全地域に分けた。縦横に数字と英文字を配置し、店の場所がすぐに分かるように工夫した。掲載店は昨年四月に発行したマップと比べて、四十店舗増えた。市内の製麺業者や焼きそば関連商品を扱っている土産店も載せている。

懇談会には、市内の焼きそば店店主や製麺業者ら約三十人が出席した。渡辺会長は「焼きそばを富士宮の活性化の起爆剤にしようと取り組んでいる」と同学会の活動目的を説明した。まちおこしのため、市内の焼きそば業者の情報交換の場や窓口となる連絡組織の設立も提案した。

焼きそばマップの改訂版は今月末にJR富士宮駅や富士宮市観光協会、市役所、市内の交番、駐在所、まちづくりサロン「宮っ」などに配布する予定。同学会のインターネットのホームページにも掲載する。

問い合わせはまちづくりサロン「宮っ」〈電0544(25)5088〉へ。

2002年８月７日　静岡新聞

ては到底生産が間に合わないので家庭での作り方のチラシを配って代用するといった始末だ。やきそばG麺の調査活動が報道されただけで、ここまでの波及効果があろうとは到底信じ難い。「マップが出来たのでさあいらっしゃい！」と報道しただけでそんな効果があがるのか？　勿論それだけではない、やきそばG麺の活動は調査活動だけではないのだ。

2．外麺記

(1)円ロール麺ト（ENROLLMENT）～お金を使わない外部組織の巻き込み

富士宮やきそば学会は市民団体であって行政組織ではない、従って行政予算はない。富士宮やきそば学会は業界団体ではない、従って業者からの会費収入もない。要するにお金のない団体なのである。お金のない団体に何が出来るのか？　何をするにも先立つものがなければ始まらないではないか？　と思うのが普通だとは思う。しかし、実際に富士宮やきそば学会は行政予算も業界資金も使わずに動き始めた。確かにお金がなければやきそばマップの印刷ものぼり旗の製作も出来ないと言えば出来ない、しかしお金を用意してからやるのか企画に対してお金の工面をするのかは違う。（やきそばマップの製作に関しては地元金融機関の富士宮信用金庫の「地域活性化基金」を使わせていただき半分を捻出、足りない分を富士宮の製麺業者＝マルモ食品工業、叶屋、曽我めん3社に負担をお願いした）。つまり、予算がなければ出来ない、もしくは予算の範囲内の事業を行うという考えは我々にはない。効果的だと思えることは予算のあるなしに関わらず取り組む姿勢でおり、そしてこれが最も重要なのだが、出来ることからすぐに始めることだ。お金がなくても出来ることはいくらでもある。

ＮＨＫにホラを吹くことにお金がかかるだろうか？　そしてカネをかけてはいないがその波及効果は計り知れないものがあったのである。

やきそばＧ麺の調査活動の傍ら、思い付くまま様々な活動を展開しているが、その中で特に話題性のあったものをいくつか検証してみよう。お金のない団体がすぐに思いつくのが企業協賛だ。ただし先方にも何らかのメリットがなければ話にならない。ここでも大分風呂敷を広げさせてもらったのだが、最初に声をかけさせてもらったのは食べ物に付き物の飲料メーカーである。富士宮にも系列会社が工場を操業しているアサヒビールに話を持って行った件である。「実は富士宮のヤキソバには非常にビールが合うんですよ！（他のヤキソバだって合うに決まっていると思うが）ヤキソバが売れればビールも売れるでしょうから、ビールとヤキソバをコラボレートしたポスターなんか作っていただけませんでしょうか？　但し、我々は市民団体なのでお金がないので、そこはまちづくりに協賛するということで（笑い）…」。しかし、ただ作ってもらうだけでは申し訳ないので、ポスターに使用するコピー（キャッチフレーズ）は私が考えさせていただき（「この麺にこのビール、富士宮やきそば＆アサヒスーパードライ！」）、ポスターに使用する写真は私の影武者とも言える富士宮やきそば学会運営専務である富士宮市役所企画調整課の渡辺孝秀さんが撮影したものを持ち込んだ。

アサヒビール側でも広告代理店に莫大な費用を払わなくても立派なポスターが出来たのである（はなはだ手前味噌な考えではある）。

またここが勝手連の怖い（図々しい）ところだが、「アサヒビールが作ったんだから、もう一つの大手＝キリンビールだってつくるだろう？」ということでキリンビールに話を持ちかけた。「アサヒビールさんだけが作ってお宅に話を持っていかないことは片手落ちですから…」ということで、半ば強制的（脅迫的？）にキリンビールでもポスターを作製してもらうことになった。コピーは「どちらもうみゃーー！　富士宮やきそば＆キリンラガー、のみーや、のみーや、ふじのみーや」。流石こちらは最初から専門家に依頼して作っただけあり、ポスターの映像も非常に綺麗なものに仕上がった。そしてこれを境に、多くのやきそば店に両ビール会社のポスターが掲示されることになり大きな宣伝広告効果があった訳だが、富士宮やきそば学会としては結果的にお金は一円も使っていないのである。

もう一つ非常にまれな成功事例となったケースを紹介しよう。「麵許皆伝やきそば道」というリーフレットを見たことがあるだろうか？　これは、東名高速道路のサービスエリアや料金所などで配布したものだが、発行元は何とあの日本道路公団（現在は民営化されている）である。タイトルからしてふざけているのだが、実は中身もふざけているのだ。「子曰く、やきそば道とは、古来からやきそばの聖地として崇められる富士宮市に自動車にてやきそばを食しに行き、その行為において自身の修身と安全運転を成就する実践的作法である」「富士宮市を知り、やきそばを極め、運転は安全に…、やきそば道は厳しいのだ」。常識的な人であれば、「何をふざけたことを言っているんだ、日本道路公団ともあろうところが、社会的に非常に問題視されている道路財源を使って、こんなふざけたものを作るなんて…」と怒るのではないか？　と思うのだが、ところがどっこい我々は大真面目なのである。道路公団側からすれば、富士宮への道路のアクセスは東名高速道路の富士インタチェンジから西富士道路（有料）を経由するので、富士宮へヤキソバを食べに来る客数が大幅に増えると西富士道路を主とする道路の利用者数が増大するはずであるという理屈だ。「ヤキソバ如きで道路利用者数が目に見えるほど増えるわけがない！」と、このプロジェクトにとりかかった時点では大方の関係者が思っていたに違いない、道路公団の職員でも醒めた目で見ている人が多かったように私は感じている。しかし、道路公団富士管理事務所側の担当者（小島さん）が非常に頭の柔らかい方だったことも幸いした。私も、「これが完成すれば西富士道路が〝やきそば渋滞〟を起こしますよ！」などと言っていたことを憶えている。しかし決してふざけていたのではなく、楽しい話題性をもって情報を発信すれば必ず効果があると確信していたのだ。結果、リーフレットが完成し、各ポイントで配布されると、何と西富士道路の通行量が道路公団の調査によると2％アップしたのである。2％という数字をどう見るかは人によって違うとは思うが、西富士道路は1日に約2万台の通行量があるので、1日に約4000台、1ヵ月で約1万2000台通行量が増したことになる。日本各地の有料道路が収益難に喘いでいるときに、いきなり1万2000台通行量が増えたことは驚異的なことで、道路公団としてもこの一見馬鹿馬鹿しいリーフレットを製作したことの費用対効果は十分あったということになってしまったのである。それを証明するかのように、富士管理事務所はこの功績を評価され、道路公団本部から表彰されることになった。私も驚いたのだが、このリーフレットの配布を開始したその日の午後に富士宮市西町界隈をリーフレット片手にやきそば店を捜し歩いている観光客を見たことを記憶している。そしてここでも重要なのは、このリーフレットの制作費はすべて日本道路公団が負担しており、我々富士宮やきそば学会は一円も負担していないということである。一見不公平のようにも見えるが、製作にあたって必要な情報やアイデア等を提供することによって道路公団側も調査の手間が省けると共に、制作費以上の収益を確保出来たのである。富士宮やきそば学会にとっても対外的PRという視点から非常に効果的なツールを得たことになり、誰も損をしない（WIN－WINの関係）システムの構築と言えるのではないだろうか。

情報やシステム、ノウハウといった「知的財産」を売りにすることによって他者（企業、組織等）を、費用をかけずに巻き込んでいく手法を私は富士宮やきそば学会における最もやきそば学会らしい戦略手法：〝円ロール麺ト〟（「巻き込み＝英語のenrollment」から）と呼んでいる。

(2) 麺クロニシティー（市民の音楽表現による活動への同調＝Synchronism）

ブームを盛り上げるツールの一つとして音楽は欠かすことが出来ないものである。周知性の向上、ブランドイメージの定着、帰属構成員等の意識高揚を促進する効果などが期待できるからである。各種団体、企業、自治体などにも必ずと言っていいほどテーマ曲、若しくはキャンペーンソングといったものが存在する。はっきり言って出来のいいもの＝記憶の定着率の高いものは少なく、ＣＭの世界は別として（このジャンルは数々のヒット曲を産み出している。我々の世代でも「ケンとメリーのスカイライン〝愛と風のように〟」や、ビールのＣＭに使われた松田聖子の〝スウィートメモリーズ〟等々）特に自治体や業界団体が作ったテーマ曲の類はつまらないものが多い。それも、市制〇〇周年を記念して高名な作曲家に高額な作曲料を支払って作っているものが少なくない。富士宮においても過去に市制50周年を記念して有名な振付師に依頼して「宮おどり」というようなものを作ったことがある。宮おどり自体決して悪いものではないと思うが、果たして何百万円も支払わなければ出来なかったものなのであろうか？

ある日、地元県立富士高校OBの若者3人組＝「三宅バンド」（私は彼らのことを「ヤキソバンド」と呼んでいる）が、自分達で〝ヤキソバの唄〟を作ったので聴いて欲しいと申し入れがあった。「富士山見ながら考えた、何食やいちばん元気出る、言わずと知れたやきそばよ。…あんたのそばよりわたしゃヤキソバがいい…♪」歌詞もなかなか気が利いている、メロディーも大変憶えやすくノリがいい。早速、様々な集まりで披露してみたところ非常に受けがよく、テレビやラジオにも何度も採り上げられ一時はSBS系のインターネットサイト〝アットエス〟の週間リクエストで1位を獲得するまでになった。

そしてここでも重要なことは、やきそば学会が依頼して作ったのではなく、富士宮がヤキソバで盛り上がってきたのを見て、自分達も出来るかたちで協賛しようとの考えで自発的に提供してきたものであり、我々やきそば学会は一円も経費を使っていないということだ。しかし、そのPR効果は何百万もかけて作曲してもらったものと同等若しくはそれ以上のものがある。何より「地域を愛する想い」というものが曲全体に溢れ出ている点においては、よそ者が作った曲など及ぶべくもないのである。

「ヤキソバの唄」は大変評判が良く、上述したようにテレビ、ラジオ、インターネット等で何度も紹介されやきそば学会のPR活動に大いに貢献したわけだが、その後の波及効果も高かった。ある時、市内で美容院を営む佐野二三江さんが自分で作ったという「やきそば音頭」なる曲をアカペラでテープに吹き込んで持参した。「ソースがジュワー、キャベツがシャキー!…アツアツ、ハフハフ、やきそば音頭〜♪」思わず家族中で噴き出してしまった。早速、知り合いの音楽通(市役所秘書課の石川さん)に依頼(と言うより半強制的に)し、アレンジ、CD製作をし、更に市内で舞踊教室「花富士」を営む窪井さんに振り付けを頼んだ。かくして全国にここしかない(当たり前だが)やきそばを焼くヘラを持って踊るという前代未聞?の傑作「富士宮やきそば音頭」が完成した。ノリの良い歌に華やかな踊り=見た目の楽しさが加わったことにより、更に話題性が増し様々なイベントでこの後引っ張りだこのパフォーマンスとなっていく。市内の愛好家グループが振り付けを習得しやきそば音頭の普及活動も始まった。「愛、地球博」等のイベントをはじめ、その後のやきそば関係の催しには欠かせない存在となっている。

この後、「ヤキソバの唄」「やきそば音頭」の成功で勇気付けられた市民から、これに続けとばかり新たな企画が次々に提案される。富士宮出身で東京で音楽活動をしている「駿河そりあこう」によるロック調の「やきそばの街」、FMみしま、かんなみのパーソナリティー小坂真知子さんのユニット「クリシェ」による「やきそば娘」、極めつけは地元岳南朝日新聞社の編集長加々美さんの作詞、作曲によるムード歌謡「やきそばの夜」である。気が付いてみたら居酒屋のカウンターで口ずさむやきそばの唄まで出来ていたのだ。一度ことが動き出すと俗に言う「共時性＝シンクロニシティー」的な現象が起きる事例と言ってもよい。そこまで考えないにしても、日頃おとなしい市民もその気になればかなり悪乗り？　して話題性のあることが出来るということであり、そしてこれだけの企画に対しても何の経費もかけずに市民の自発的な熱意さえあれば可能だということを忘れてはならない。

３．内麺記～方針編

(1)ホスピタリ茶（ティー）（〝おもてなし〟体制の重要性）

富士宮やきそば学会設立の項でも述べたが、メディアによる話題先行型で始めたが故に来訪者に対する基盤整備が整わずにクレームが発生したことがあった。それはある町から富士宮を訪れたご婦人からのもので、私への「不幸（苦情）の手紙」の形式をとって届けられたわけだが、その内容は次のようなものであった。「最近富士宮のヤキソバがテレビなどで盛んに取り上げられているので、仲間と食べてみようと来てみたが、駅を降りても何処にもやきそば店らしきものは見当たらないし、商店街で尋ねてみてもヤキソバ屋ではないから関係ないと言われ、店に電話すれば休み時間だから後にしろと言われ、やっとたどり着いた店が非常に愛想が悪く、もう二度と富士宮になんか来ない」

自分でテレビにホラを吹いたせいで、まだ受け入れ体制が整わないうちにお客さんが来てしまったのだから、勿論責任を感じなければならないことも確かなのだが私はその時非常に腹が立ってしまった。勿論その手紙の差出人に対してではない。彼女達に対応した富士宮側の「もてなしの心＝ホスピタリティー」の欠如に対してである。自分達のまちの今おかれた状況に対しての問題意識若しくは危機感の欠如に対してである。私は居た堪れず「是非敗者復活戦をお願いしたい」と来た手紙の倍の長さの手紙を書いたところ、数日後再び来訪していただくことになった。私は今までのやきそば学会設立の経緯や富士宮の現状などを説明し、やきそばやお茶なども振る舞って自分なりに精一杯のもてなしをさせていただいた。彼女達は大変喜んで下さり、自分の町へ帰ってから町長さんに富士宮のことを話していただいたり、ヤキソバという安いものの代わりに「うなぎの蒲焼セット」をお礼にと送って下さった。費用対効果の面から考えるとこれはかなり美味しい？　話となったのであった。

私は個人的にたとえどんな美味しいものがあろうと、ホスピタリティーを欠いた店には行かない主義だ。それはまちだって同じことである。来訪者に対してそのまちの市民がどれだけホスピタリティーを持って接し、精神的満足感を与えることによって、リピーターが生まれ、持続的なまちの活性化に繋がっていくことなど自明の理である。私は以前から、お茶のくに＝静岡なればこそ、あたたかいもてなし＝ホスピタリ茶（ティー）を前面に出して地域づくりを進めるべきであるということを提唱しているが、未だ県庁には「ホスピタリ茶推進室」を設置するという話は聞いていない。

(2) MISSION 麵 POSSIBLE（やきそば伝道使節団）

富士宮のヤキソバがメディアに登場するようになると、各地からイベント等への出張依頼が相次ぐようになったきたのだが、単なる「ヤキソバの出張サービス」では、何の話題性もないので、富士宮やきそば学会では、「依頼があったものには正式に焼き手を派遣する制度

静岡新聞　平成14年(2002年)6月27日（木曜日）　（第三種郵便物認可）

焼きそば普及へ伝道使節団

富士宮の学会

達人を登録

市内外の催事へ派遣

富士宮やきそば学会（渡辺英彦会長）は富士宮焼きそばのさらなる普及、定着を図るため、やきそば伝道使節団「ミッション　麺（めん）　ポッシブル」を結成する。富士宮焼きそばの達人を団員として登録し、市内外からイベント要請があった場合に派遣する。

焼きそばの焼き手として同学会の活動に協力している市内の主婦や商店主ら学会サポーターを団員として登録するほか、一般市民からも公募する。公募は随時、受け付ける。応募者は「富士宮焼きそばの達人」にふさわしい調理技術があるかなどの審査を受ける。

イベントの参加要請が入ると、同学会は登録名簿の中から出張可能な団員を選び、現地に派遣する。出張した団員には一定の手数料を支払う。団員は焼きそばを調理するだけでなく、富士宮焼きそばの歴史や特徴などもイベントの来場者に伝える。

富士宮の焼きそばの知名度が上がり、市内外からイベントへの出張要請が増えたことから、同学会は派遣体制を確立するとともに、まちおこし活動の原点として再確認することなどを狙いに、やきそば伝道使節団の結成を決めた。

伝道使節団の名前は、トム・クルーズ主演の米国の人気映画にちなんで、「富士宮焼きそばの伝道（ミッション）」と、「麺を通して富士宮の知名度アップを可能にする」（ポッシブル）の意味を込めたという。

一般公募は随時、受け付ける。問い合わせはまちづくりサロン「宮っ」〈電0544（25）5088〉または富士宮市企画調整課〈電0544（22）1114〉へ。

イベントで巨大鉄板を使って焼きそばを調理する富士宮市民。富士宮やきそば学会は富士宮焼きそばをさらに広めるため、やきそば伝道使節団を結成する

2002年６月27日　静岡新聞

があります」とこれもかなり風呂敷を広げた話をしている。富士宮やきそば学会では、焼き手が登録制になっており、その中からスケジュール調整をして派遣する「やきそば伝道使節団」というものを組織しており、これを英語で「Mission 麺 possible（ミッション麺ポッシブル）」というのである。「何のこっちゃ?」と思われる方もあろう、特に年配の方ではこのネーミングの素となっているトム・クルーズ主演の映画「ミッション・インポッシブル」を知らない人が多い。昔あった「スパイ大作戦」の現代版と言えばわかってくれる人も多いのではないだろうか。単なるダジャレだと思われるかもしれないが、個人的には「MISSION（ミッション）」という語彙に特別なこだわりを持っていたからでもある。

宗教的に「ミッション」とは「伝道者の派遣行為もしくはその使節団等」を指すが、それ以外に「使命」という意

味がある。今、まちづくりにおいて最も市民に求められるものは、地域をより良くしようという「使命感」である。富士宮においても、使命感を持って自らまちづくりに参画する市民をいかに増やすかが、行政改革と共に最も重要な課題なのである。やきそばによる話題づくりや情報発信はそのきっかけに過ぎず、使命感を持ち、目先の利益に囚われずに行動する市民が一人でも多く共鳴し、映画「ミッションインポッシブル」は「不可能な任務」という意味だが、富士宮においては逆に麺をきっかけに可能（ポッシブル）になりつつあるまちの活性化に向けて一人でも多くの市民が立ち上がることを願ってのオヤジギャグ的ネーミングであることを理解して欲しいのだ。大袈裟に言えばこのフレーズに富士宮やきそば学会の活動理念が凝縮されていると言っても良い、つまり私自身にとっては、このフレーズの理解者（共鳴する市民）を拡大することが「ミッション＝使命、任務」なのである。

補足だが、２００６年映画「ミッション・イン・ポッシブルIII」の日本公開にあたり、主演のトム・クルーズが来日することになったのを受け、静岡朝日テレビでは「シークレットミッションキャンペーン」という企画を実施した。これは、やきそば店などに映画のポスターを掲示し、ポスターに印刷されてあるQRコードを携帯で撮影して懸賞に応募するというものだが、何と1等賞はトム・クルーズ自身が出演するプレミア試写会にご招待するというものであった。ヤキソバの出張サービスをＰＲするための言わばオヤジギャグからトム・クルーズ本人に会えるなどという企画が生まれるのだから、世の中わからないものである。オヤジギャグとは単なる駄洒落ではない、これは本書における非常に重要な主題に触れる部分なので後の章で詳しく述べたいと思っている。

(3) 我発信す故にまち在り

既に触れたが、富士宮やきそば学会は市民の勝手連的組織として始動したので、行政や業界の資金的援助なく活動を展開せざるを得なかった。誤解のないように言っておくが、行政や業界の援助を一切受けない、若しくは拒絶するということではない。基本的に最初から行政や業界として予算枠を設けて運営されている組織ではないという意味であり、イベントなどで結果としてお金が必要になった場合などには、協議の上で業界等に負担してもらっているものも中にはある。何が言いたいのかというと、最初からまとまった資金があるとかくハード的な整備に走りがちになり、箱ものの建設自体が目的となり、箱ものを持て余した結果事実上破綻してしまう自治体や第三セクターが全国いたるところで見受けられることからも、これからのまちづくりはお金を使わず在るものを活かし、住民の知恵でソフト戦略重視型でなければならないということである。そして、この情報化社会においてはソフト＝情報と置き換えてもよい、箱ものではなく情報がまちの活性化を左右するのである。この視点に立ち、富士宮やきそば学会としては最初から資金を当てにしない完全ソフト戦略で活動を開始したのである。その後順調に効果をあげてからは、アンテナショップなどのハード的な展開も出てくるがその点に関しては後の章に譲ることとする。箱ものなしで情報を発信しようとすれば、イベントも重要な手段である。但し、富士宮やきそば学会の基本スタンスは、いくら予算規模が大きかろうが、話題性がないようなものは意味がない。どんなに些細なイベントだろうが、それが新聞、雑誌、テレビ、ラジオ等のマスメディアに採り上げられればそれがイコール話題性、存在感の主張になる。従って、富士宮やきそば学会では、マスメディアに取り上げられないようなイベントならばやらないという方針だ。そして、情報というものは、わかり易く、繰り返し流されなければ忘れられてしまうことから、基本的方針として「イベントの大小に関わらず、継続的にメディアに載る」ことを前提に、やきそば学会のイベントは成り立っている。「我発信す、故にまち在り」、デカルトが生きていたならばそう言ったに違いない？

その視点に立って行われた代表的なイベントをこれからいくつか紹介してみたいと思う。

4．実麵記～効果的イベント編

(1)復活「大宮の市」～３７７６人分のヤキソバ

２００１年秋のことである。富士宮のヤキソバも第一次やきそばブレイク、ここらで更に話題を発信する仕掛けが欲しい時期となっていた。折りしも㈳富士宮青年会議所が創立30周年を迎え、記念イベントの開催に向けて準備をすすめていた。（理事長＝井上光由君、30周年実行委員長＝佐野克弥君）話を聞いてみると、記念イベントとして来訪者や市民に富士宮JCらしい食べ物を振る舞いたいという。JC側の当初の計画では富士山型の大きな鍋を製作し、富士宮JCの認証番号（国内における設立の順番）５１１にちなんで５１１種類の具を入れた名付けて「富士山鍋」をやるのだと言う。

「何故、富士宮で鍋なんだ？　５１１種類の具材に何の意味があるのか、自分達にしかわからない自己満足ではないか？　そんな大きな鉄製の鍋を作成するのにいったいいくらの予算が必要なのか？　そんなことをするよりも、今富士宮で一番旬な食べ物はヤキソバである。ヤキソバなら鉄板さえ用意すれば予算も少なくて済む、ヤキソバで行きなさい！」はなはだ後輩の意向を無視した半強制的な要請だが、そこがＪＣのいいところで、先輩の命令は絶対なのである（本当はそんなことはない、たまたまＪＣも言われてみればその方が得策だと判断してヤキソバを選択しただけのことである）。

大宮の市でヤキソバイベント

イベント名は私の提案で「復活大宮の市」となった。大宮の市が開かれていた往時の富士宮を再現しようというコンセプトで、巨大鉄板を用意（６ｍ）し、富士山の高さにちなみ３７７６人分のヤキソバを焼いて来場者に振る舞い、加えてギネスブックに挑戦してみようというものだ。富士宮やきそば学会、富士宮ＪＣのメンバーを中心に製麺業者ややきそば店主、大学生や高校生などに協力を要請し、一大ヤキソバイベントが展開された。

富士宮市長や地元選出の国会議員なども参加し、２ｍはあろう巨大ヘラを使ってヤキソバをひっくり返すというパフォーマンスも披露された。実際には３７７

6人を大幅に上回り約5000人分のヤキソバが振る舞われ、それでも残念ながら食べられずに帰ったお客も数多くでてしまい非常に申し訳ない結果となったが、イベントとしては大成功で「6mの巨大鉄板と3776人分のヤキソバ」が話題となり、マスコミも数多く取材に訪れ情報発信効果はかなり高い催し物となったのである。そしてこれもこちらの理屈だが、青年会議所の予算を使って、青年会議所の周年事業として行ったものであるから、例によって富士宮やきそば学会としては、全く経費を支出することなく大きなイベントを開催することが出来たということになる。

(2) 三者麺談&三国同麺

考えてみると、富士宮やきそば学会は今まであまりネタに困ったことが無い。「復活大宮の市」の翌年2002年6月、富士宮市では市制施行60周年記念イベントとして、まちなかを一大テーマパーク化する食やフリーマーケットを中心とした「歓麗喜楽座」を実施した。勿論、60歳の還暦を「歓麗喜（かんれき）」と置き換えたものだが、このあたりにもネーミングの工夫が見てとれる。

この歓麗喜楽座の一つの目玉として富士宮やきそば学会が行ったのが「三者麺談」と銘打

ったイベントである。別に意識したわけではないのだが、富士宮やきそば学会が活動し始めたのとほぼ時を同じくして、秋田県横手市が「横手焼きそば」によるまちづくりに乗り出していた。更に、群馬県の太田市が、その後富士宮のヤキソバブームを受けて業界が活動を開始し、市民交流等を図りはじめたところであった。

ならばと、折角共通の食材で地域活性化を図ろうをしているのであるから、それぞれのヤキソバを食べ比べるイベントをやろうではないかと相成ったのである。しかし、ただヤキソバを食べ比べるだけならよくあるイベントと変わりはない。まずイベント名だが、中学や高校で行われている「三者面談」にかけて「三者麵談」とし、更にこの麵談の結果この三市は「三国同麵協定」を締結したのである。この三国同麵協定書には三市の市長に署名していただき、今後の三市においてネットワークを活かしたまちづくりを推進していくことを約したのであった。勿論、ヤキソバを媒体にした協定など前例がないこともあり、数多くのマスコミにも注目され三市のヤキソバによる認知度は更に高まることに繋がったのである。

こうした、マスメディアや市町村間のネットワークの活用は今後のまちづくりにおいては最も重要なことであると私は考えている。自力での情報発信は地方自治体の財政力の脆弱化を背景に難しくなってきているからである。富士宮市と横手市は従来にましてイベント絡みの市民交流が盛んになっており、太田市とはヤキソバがきっかけで清水市長が富士宮を訪問し、富士宮の小室市長と対談したことが発端となり、太田市の市民オーケストラ（ジュネス）を富士宮に招き演奏会を開催するというような文化交流にも発展している。当然富士宮からも市民団体がヤキソバの紹介も兼ねて太田を訪問する事業も行われ、両市の観光交流を促す効果も出しているのである。

このイベント後の最も話題性のあった出来事は、「三国同麵協定」がマスメディアで話題になったことに目をつけた食品会社（北海道十勝新津製麵）が、「三国同麵シリーズ」と銘打って三種のカップヤキソバを開発販売することになったのである。これによって、今迄は地元限定に近かったものが、全国のコンビニエンスストアー等で販売されることになり、三者（三市）の認知度が格段に高まったことは言うまでもない。

・山と川と焼きそばのある町

前項でも述べたが、秋田県横手市はほぼ時を同じくしてヤキソバによるまちづくりに乗り出している。横手やきそばも富士宮と同様終戦直後に誕生している。市内で屋台のお好み焼き屋を営んでいた男性が、お好み焼き用の鉄板を用いた新たなメニューを模索したことが始

秋田県横手市、群馬県太田市と三国同麺協定

まりと云われている。当時は、これもまた富士宮の駄菓子屋と同じく子供達のおやつという位置づけだったものが現在では市民の一般的な食材として定着しているのである。また、横手やきそばは富士宮と違い縮れ麺ではなく、太く真っ直ぐな角麺で尚且つ蒸し麺ではなく茹で麺であるため、第一に食感がまるで違う。具材も挽き肉を使うなど富士宮とは違いお互いの市民にとっては「別種の食べ物」と言ってもいいくらい違うのである。

更に、組織的にも富士宮の勝手連的な動きとは違い、まず行政が音頭を執り、業者団体である「横手やきそば暖簾会」を組織し、それをサポートする団体として市民による「横手やきそば研究会」を立ち上げ市を挙げてヤキソバのまちづくりを推進し始めた。これも偶然なのだが、２０００年のことであった。(実際には横手の方が若干早めに活動を開始していたと思われる)

これは余談なのだが、私は中学生の頃、石坂洋次郎の作品をよく読んだ記憶がある。年配の方々にとっては、「青い山脈」、「若い人」等に代表され、「新生日本の代名詞」と言われるほど広く親しまれた作家である。「山と川のある町」も洋次郎の代表作の一つであるが、この作品の舞台が横手市であることをご存知の方は少ないのではないだろうか？　横手は大正15年から13年間にわたり洋次郎が教員生活を送り、彼の文学を育み開花させた地なのである。私も一度はあの「山と川のある町」を訪れてみたいと思っていたが、何とヤキソバが縁で彼の地を訪れることになろうとは思ってもみなかった。山と川にまさかヤキソバが加わろうとは石坂先生も想像だにしなかったであろう。横手やきそば研究会の設立総会におじゃました際には「石坂洋次郎文学記念館」にも立ち寄ることが出来、愛用の机を見るにつけ、たかがヤキソバも展開次第で無限の可能性を秘めていることを感じたものである。やはり、石坂作品に「麦死なず」があるが、「一粒の麦、地に落ちて死なずば…多くの実を結ぶ」という聖書の言葉の通り、小さな一つ一つの出会いを大切にすることが大きなネットワークに発展し、まちづくりにも貢献することを横手市との交流のなかで確信することが出来た。

横手の件ではどうしても付け加えておきたいことがある。何度か訪問させていただいたのだが、その都度たかがヤキソバ絡みの付き合いに市長が自ら大変親切に対応してくれたことだ。公務が山積しているにもかかわらず、夜遅くまで接待していただいた五十嵐市長のホスピタリティーには頭が下がる。後述するが、八戸で行われたB1グランプリの際には市長自らヤキソバブースの裏方で腕まくりをして働いている様子を目にしたとき、首長のあるべき姿を見た思いがしたものである。

(3) 天下分け麺の戦い

２００２年８月、北九州市から「北九州青年未来塾」のメンバーの何人かが来宮した。富士宮のヤキソバによるまちづくりをモデルに北九州でも食によるまちづくりを推進したいのだそうだ。聞くところによると北九州市小倉に「日本で初めて焼きうどんを焼いた」と云われている店があるのだそうだ、だから小倉は「焼きうどん発祥の地」なのだという。（かなり言ったモン勝ちという感がしないでもないが…？）その話題を活かして「食によるまちづくり」を進めたいという。先方は富士宮やきそばと小倉焼うどんの対決イベントを望んでいる。その夜は富士宮の居酒屋で遅くまで対決企画のアイデア出しで盛り上がった。私は、対決イベントに相応しく「巌流島」でやろうと提案したのだが、「巌流島は北九州市じゃないんです、下関なんですよ。やはり北九州でやってもらえなきゃ」「そうかあ、じゃあ、行司役に下関の市長を呼んじゃえ！」。酔っ払いは勝手だ。「じゃあ、訊いてみます」「来てくれるそうです！」「エーッ?!」。下関の江島市長は官僚上がりのエリートと聞いていたが、直接お目にかかると大変気さくな方で「喧嘩の仲裁イベントみたいなものがあれば、巌流島のお膝元の私が行司役で参加しますよ」とまで言って下さった。

かくして、話は「小倉城築400年記念に先着400名の方に富士宮やきそばと小倉焼きうどんを食べていただき、どちらが美味いか投票で決めよう！」ということにまとまり、ここにB級グルメ界に名高い？「天下分け麵の戦い」が実現することになったのであった。

そうと決まれば、あとは例によって当日までにどれだけ風呂敷を広げて情報発信をするかが肝心である。富士宮サイドと小倉サイドで話題作りに奔走する。小倉では、青年未来塾のメンバーを中心に焼きうどん店の調査活動から、当日の部隊編成、会場設営、プレスリリースと手際よく準備を進めた。実際に「果たし状」までつくり富士宮に持参するパフォーマンスまで行っている。富士宮から富士宮やきそば伝道使節団＝ミッション麵ポッシブルが来るのに対抗し、地元選抜焼きうどんチーム＝無法松麵合軍を組織した。富士宮側も決戦に向けてのミッションポッシブル麵ポッシブル精鋭チームを組織＝焼手：富士宮やきそば学会メンバー小林千尋＆亜紀の従姉妹ペアを地元製麵業者叶屋の後藤専務がサポート、北九州との交渉全般を市役所の渡辺企画課係長、更に応援団として「やきそばの歌」の三宅バンドまで加え、作戦会議や焼き方の入念なリハーサル風景などをメディアに流し、極め付けは、静岡県の石川嘉延知事に戦略会議場へ立ち寄っていただき、知事自身も富士宮やきそばの焼き方をマスターしていただくのと同時に、選挙よろしく「○○さん江、必勝…」という通称「為書き」までその場で書いていただき、まさに静岡対九州の「天下分け麵の戦い」に相応しい様相を見せていったのであった。

２００２年10月13日、それまでの宣伝が功を奏して、我々の乗った小倉行きの新幹線車両の中にテレビカメラが２台も入るといった状況で、小倉の改札口を出ようとすると改札の向こうにテレビや新聞社＆雑誌社のカメラ、ラジオ局など今までに見たことがないほど報道陣が待ち受けており、一躍スマップ張りのアイドルになったような雰囲気のなか小倉入りしたのであった。14日対戦当日の小倉城は大変な賑わいでマスコミだけでも30社くらい来ていたのではないだろうか？　とても数えている余裕などなかった。江島下関市長の行司役で投票が行われ、１票無効票があったが、２０２票対１９７票で小倉焼うどんの勝ちとなったのである。私は、対戦中、味の確認などする暇はなく、ひたすらマスコミの取材対応に追われて、気が付いたら負けていたというのが正直なところだ。この結果、負けた富士宮側は敗戦を証明したプラカードを持ち、市中引き回しの刑？　に遭い、その後1年間無償で相手側のPR活動をする誓約をしたのであった。

どちらが勝ったのか、どちらが美味いのかは大した問題ではない。このイベントを通して、両者共にネームバリューを高め、全国の注目を集めることとなった。これ以後北九州周辺のコンビニエンスストアーやお弁当屋さんでは、「焼きうどん弁当」なるものが盛んに売られるようになった。今では大手の食品メーカーで「小倉発祥焼きうどん」というパッケージ商品まで開発されている。一見馬鹿馬鹿しいと思われるようなイベントであっても効果的な話題作りをすることによって意外な成果を得ることが出来るのだ。やるからには徹底的に悪乗りするくらいで丁度いいのである。このイベントは様々なまちづくりイベントの先進的取組み事例として語り継がれていくだろう。

尚、このイベントには余談がある。多くの取材陣の中に「週刊プレイボーイ」の記者がおり、選挙でもないのに出口調査を挙行したのだ、それだけでなくその記事をでかでかと1ページを使い発表したのである。彼によると、出口調査の結果は8対2で富士宮やきそばの勝ちだったという、その暴露記事が私の手元にある。「焼きそばＶＳ焼きうどん、小倉発天下分け麵の戦いに疑惑の判定！」というものだ。だから小倉側の集計に不正があったと言っているのではない。富士宮にとっては、アウェーの戦いであり、焼きうどんは地元の人が焼いて、地元の人が投票箱をもって歩き回り、地元の人が投票するのであるから、偏りがあるのはやむを得ない。大事なことは相互に最大限の情報発信をし、その結果として誘客やその後の経済効果を生むことに繫がっているということなのである。しかもそれが市民の熱意で行政予算を使わずに行われているということである。

5．側麵記～付加事業編

⑴ヤキソバサダー（ＹＡＫＩＳＯＢＡＳＳＡＤＯＲ）＝やきそば親善大使

富士宮やきそば学会の活動の特徴はお金を使わずに情報発信することにあるが（と言うより無いから使えないというのが正しい）、その中でも効果的なものの一つが「やきそば親善大使（ＹＡＫＩＳＯＢＡＳＳＡＤＯＲ）」の存在である。富士宮やきそば学会が発信する話題（おやじぎゃぐ？）に誘われてタレントや有名人などが取材や番組収録に訪れた際、こちらから強引に「あなたをやきそば親善大使に任命します！」とやってしまうのである。「実はやきそば親善大使はヤキソバサダーと呼ぶんです」「何ですかそりゃー？」「英語で大使のことをAMBASSADORって言うじゃないですか」「…」（絶句）

というわけでノリの良い方なら理解してくれ、快諾してくれた場合には富士宮やきそば学会の特製名刺（YAKISOBASSADORの肩書き入り）と会員バッジを進呈して「今日からあなたはヤキソバサダーです、おめでとうございます！」となるのである。何がめでたいのか解からないが、とにかく様々な方が富士宮やきそば学会の親善大使＝YAKISOBASSADORに就任している。声優の大山のぶ代さん、女優の渡辺梓さん、タレントのダニエル・カールさん、阿藤快さん、久本朋子さん、山村レイコさん、作家の勝谷政彦さん、アナウンサーの水野涼子さん、鈴木康子さん、橋本恵子さん、ラジオパーソナリティーの山陰大雄さん、新聞社編集委員の野瀬泰申さん等々、中には元スーパーアイドル・光GENJIの諸星和己さんのように自分からヤキソバサダー就任を希望してきた殊勝な方もいる。みなさん、機会あるごとにタダで（ここが大事）ヤキソバサダーであることをネタに富士宮やきそばのPRをして下さっている。そして、私自身は任命してしまったのでそのつもりでいるヤキソバサダーの一人に石川嘉延静岡県知事がいるが、正式には知事の立場で特定の団体

名誉（？）ヤキソバサダーの石川静岡県知事

の大使を引き受けたとなると他の団体との収拾が付かないということもあり、知事室から親善大使就任はご勘弁を！　ということになってしまった。しかし、石川知事が「富士宮やきそば」の地域活動に理解を示して下さっていることは、平成14年度の「静岡県観光大賞」を我々が受賞し、さらには「富士宮やきそば」がB1グランプリを獲得した際にも「知事顕彰」を授与して下さったことからもわかるように、名誉ヤキソバサダーとしてその役割を十分果たしていただいていると私は考えている。

(2)富士宮やきそばアカデミー

継続的な話題作り、情報発信のための企

画として欠かすことの出来ないのが「富士宮やきそばアカデミー」だ。毎年一回二泊三日で行われるものだが、一見ヤキソバの焼き方を習得するための講習会だと思われるだろうが、それでは我々が主催する意味がない。それだけなら、業界がやればいいことである。富士宮やきそばアカデミーでは、もちろん焼き方の研修も行うが、それ以外に様々な講義も受けてもらう。富士宮の歴史、文化、観光&まちづくり、そして実際に市内観光もしていただき、ヤキソバを通して富士宮の良さを総合的に理解してもらおうというのである。

ただヤキソバを売る人間だけが増えるのではなく、これから富士宮のヤキソバを取り扱う者は、その個人個人が富士宮の観光キャラバン隊員であるという意識を植え付けるつもりで取り組んでいる。

一通り講義を終えると何と、「最終麺談？」という試験が待っている。実際にヤキソバを焼いて私をはじめとするやきそば学会メンバーが試食する。これが合格であれば今度は筆記試験だ。ヤキソバに限らず富士宮に関する様々な問題が出される。筆記試験の合格ラインは80点である。この実技&筆記試験両方に合格した受講生には、「麺許皆伝書？」と「麺許皆伝のヘラ」が授与されるという流れになっている。既に5回開催しており、約100名程の卒業生（麺許皆伝者）がおり、もう20名以上の方が富士宮市外で富士宮やきそばアカデミー卒業生であることを話題にヤキソバ店を新規開店しており、ヤキソバと共に富士宮そのもののＰＲにも大いに役立っている。「最終麺談」は大変難しいのだが、どうゆうわけか今までに落ちたものは居ない。

６．波及麺記

(1) 経済波及効果とＮＰＯ法人の設立

活動開始後それまで溜め込んでいた潜在力を一気に爆発させるかの如く、富士宮やきそば学会は次々に話題を発信し、たった一年間で驚くべき成果をあげた。行政予算を使用していないことから考えるとまさに驚異的、というより笑ってしまうような結果を出したことが静岡県行政センター発行の資料から判る。新聞等の掲載やテレビ、ラジオ放送つまりマスコミが採り上げた回数が１年間で実に１７５回、約２日に１度の割合で出ていたことになる、それも宣伝広告費を１円も使わずにである。これを広告費に換算したならば約２億８０００万円になるというが、これはあくまでも間接効果分であり、実際にヤキソバに関連した業界の直接経済波及効果はさらに約１０億円あったと推計されている。麺の売上げだけで２億６０

00万円の増、やきそば店の売上げ増が2億8000万円、キャベツの売上げも5000万円、ソースの売上げは2500万円増えたそうである。笑ってしまうのは、ヤキソバを焼いた後にほんのちょっと添える紅ショウガの売上げが1200万円増えたと言うのだ。繰り返すがこのデータは我々が活動を開始して1年間の結果を示したもので、その後毎年その効果は持続しているどころか益々反響は増すばかりである。行政の調査によると2006年度は年間約60万人の方が市外からヤキソバを食べる目的で富士宮を訪れているのである。

そしてつい先頃（平成19年3月）、㈱地域デザイン研究所の追跡調査の結果が発表されたのだが、富士宮やきそば学会が活動を開始してから6年間の経済波及効果が何と約217億円にのぼることが判ったのである。行政や業界の活動ではないところでこれだけの波及効果を出したことなどあまり知られておらず（特に地元において）、今でもまだ富士宮やきそば学会が勝手連ではなく行政もしくは業界によって運営されている組織だと思っている人が少なからずいることは非常に残念なことである。

それは、富士宮やきそば学会が経済活動つまり収益を目標とする組織ではなかったため、情報発信にかけてはどの組織にも負けないパワーがありながら、己の実績を発信することに関してはついひけらかすようで躊躇われたので実際の効果というものを市民に知らしめることに遅れをとったことが災いしていると思われる。誤解のないように言っておくが、自慢したくて言っているのではない、情報というものは相手に伝わって初めて情報と言えるのであってイベントや後述する地域ブランドに関しても同じことが言えると考えている。イギリスの哲学者、ジョージ・バークリーも言っているように、人に知覚されないものは存在していないに等しいのであり、多くの人に伝わって初めてブランドと言えるのである。いずれにしても、当初一年間で我々は他に類を見ない効果を出した、関連企業の中には一年間で利益を10倍に伸ばした会社も存在する。お金をかけなくとも、ソフト戦略、情報力による効果を如実に見ることが出来る事例がここにある。

そして、一気に効果を出したため、行政や企業をはじめ多くの組織が我々の活動が効果的であることを評価し始め、その利用価値を認めると同時に様々な要請が富士宮やきそば学会に舞い込んでくることになった。各地商工会議所や商店街、まちづくり団体等の視察、行政等からの業務委託、企業からの商品開発の提案、各地イベント等への出張依頼など、とても予算ゼロの単なる勝手連の市民団体では活動を維持していくことが難しいと判断した我々は、丁度全国で設立ブームの追い風もあってＮＰＯ法人を設立することにした、設立2年目＝平成14年春のことである。

そもそもの学会設立の趣旨が中心市街地活性化＝富士宮のまちづくりが目的であったわけで、今後の活動の維持、発展を考えた場合、ヤキソバという特定な業界に関連した活動に特化しているよりもまちづくり全般を見据えた組織づくりをしておくべきであると考えた我々は、他のまちづくり組織も同じNPOに参画する仲間として活動し、同じ方向性を見出すこと＝ベクトルを合わせて協働すべきであると考えた。賛同を得た各種団体（ビオトープをつくろう会、秋祭りサポーターズクラブ、宮ねっと、グッド来富21、宮おこし工房などの様々な市民団体）を会員団体とし、富士宮の先進的まちづくりを総合的に取り組むNPO法人＝「まちづくりトップランナーふじのみや本舗」が誕生したのである。法人格をもつことによって、それまで難しかった行政事業のアウトソーシング＝委託事業が可能となり、土木事務所や富士宮市役所から委託を受けて市街地整備のためのワークショップを開催したり、市内に進出しているイオングループから活動資金を支出してもらいショッピングセンター（ジャスコ）の敷地内にビオトープをつくる活動などが、正規な契約のもとに始めることが出来るようになったのである。詳しくは後述するが現在では、NPO法人として浅間大社南側にある「お宮横丁」とJR富士宮駅改札前に富士宮やきそば学会直営のアンテナショップを経営しており、富士宮やきそばの紹介に加えて、関連グッズの販売、視察の受け入れ、観光案内

にぎわうお宮横丁とアンテナショップ

など様々な情報発信を行い、そこで生まれた収益をもとに持続的な活動体制を組むことに成功している。

(2) お宮横丁&学会アンテナショップ

富士宮やきそば学会が活動を開始してから、富士宮市中心市街地にはある程度人の回遊性が回復して来つつあったが、浅間大社の南側、宮町商店街に面した目抜きの場所と言っていい場所（宮町4-23）が空き店舗状態になっており、中心市街地活性化のために一刻も早い再開発が待たれていた。家電ショップとパチンコ店の跡地で約200坪のスペースであるが、財政状態の厳しい行政や商工会議所が直接開発出来ない状況下において、民間が立ち上がった。同じ宮町内で菓子に使う餡の問屋を営む㈱きたがわである。

この計画が持ち上がった際、㈱きたがわの佐野社長から我々富士宮やきそば学会に相談があり、せっかくならば「にぎわいの拠点」的な場所が無い状況なので、何とか市民のアイデアを活かしてにぎわいのある空間にしたいとの意気込みに我々は賛同した。手前味噌のようだが、富士宮やきそば学会が入り口でアンテナショップを開店すれば、「人寄せパンダ」の役割を果たせるので、他のテナントにも相乗効果が期待出来るだろうと考えたのだ。それまではハード的な活動は基本的にしない方針だったが、計画の趣旨が大変共感出来るもので、将来的にも我々の活動を維持していくためには、拠点となる場所が必要であることもあったので直営のアンテナショップ出店を決めたのであった。

形状が南北に細長いため、中央を広く開け、神社の参道風に両側に店舗を配置した。東側の列は全てテナント、西側の列は㈱きたがわ直営の喫茶店と富士宮の特産品を扱う売店である。東側のテナントには、富士宮やきそば学会のほか、団子店、ヤキソバ店、ニジマスのアンテナショップ、豚肉のアンテナショップ、餃子等も含んだ中国物産店が賃貸契約を交わし、富士宮のまさに中心市街地の真ん中に「お宮横丁」という新名所が誕生したのである。

開店3年目をむかえた現在では、週末ともなれば「ごった返し」といった表現が相応しいほどにぎわっており、やきそばを食べるのに30分以上またなければならないようなことも珍しくは無い。富士宮やきそば学会では現在このお宮横丁とJR富士宮駅にアンテナショップを開いており、15名のスタッフを雇用するまでに至っている。

この「お宮横丁」の取り組みは、一企業の事業ではあるが、その事業目的が中心市街地活性化という公的な意義も備えており、行政も財政難でなかなか民間も積極的にまちなかに進出しない気風の中、「まちづくり」の意欲を持って一歩を踏み出した㈱きたがわの進取の気性を高く評価すべきであり、行政にたよるばかりではないこれからの中心市街地活性化事業の規範となるべき先進事例である。

(3) ヤキソバスツアー（富士宮やきそばと観光改革）：REFOR麵TION？

2005年春、富士宮市では富士宮観光協会と共に、「富士宮市観光誘客戦略会議」なるものを開催した。私も委員の一人として呼んでいただいたのだが、この試みは今までに無いより実践的なもので、大手旅行社（JTB、日本旅行、近畿日本ツーリスト）の企画担当者を会議の場に招き、各委員から提案のあった企画で商品化出来る可能性のあるものを即モニターツアーとして催行してみようというものである。

私は例によってオヤジギャグで提案してみた。「現在富士宮はやきそばで非常に注目されており、誘客にもつながっていますが、ほとんどの方が個人的に訪れているようです。富士宮やきそばを目玉にしたバスツアーなんか組めないでしょうか？〝ヤキソバスツアー〟です。更にツアー参加者は富士宮やきそばが食べられる食事券として〝麵財符（めんざいふ）〟を持っていただき、麵財符が使える店は〝麵税店〟です。お昼も安上がりでツアー料金も安く設定出来ます。…」「それ面白そうですね！」「でしょう？」ということで、他の委員が大真面目に考えた企画をすべて蹴散らしモニターツアーは「ヤキソバスツアー」に決定し5月に挙行されたのであった。実に1000人以上のお客が、ＪＴＢの観光バス23台に乗り、東京から一気に富士宮へ来ることとなった。次々に浅間大社駐車場へ乗り入れる大型バスの光景は圧巻であり、「たかがやきそば、されどやきそば！」と言わざるを得ない状況に、企画者として感無量の想いだったことを記憶している。

そしてこれもまた一見バカバカしい企画のツアーの感触が旅行社側にも参加者側にも好評だったと見えて、明くる2006年春から東京のはとバスがツアー商品として富士宮やきそばをお昼のメニューとして各種観光を組み合わせた日帰り旅行を売り出すことになったのである。旅行者が食事券＝「麵財符」を持ち、登録店で食べる形は私が以前会議で提案したものをそのまま採用していただいた。これまで、富士山や朝霧高原を擁する観光のまちを自負していながら、はとバスが乗り入れてくることなどなかったことからするとこれは画期的なことと言わざるを得ない。その後このはとバスを皮切りに、ＪＴＢや京王、名鉄などが追随し、今では10社以上の旅行社が富士宮やきそばをルートに組み込んだバスツアーを販売するまでにいたっており、新たな観光ツールを確立出来た感がある。

私はこの現象を富士宮観光史上における一つの改革と位置づけている。それまで地元の素材に自ら付加価値を付け、情報発信することによる観光誘客という手法は、もともと何もしなくても観光客でにぎわっていた富士宮にとって必要のないことでもあり、思考の転換＝パラダイムシフトでもあった。それまで地元の素材の付加価値などに目を向けることなどなく、富士山に代表される有無を言わさぬ存在に頼りきってきたことは、グーテンベルクが印刷術を発明するまで教会の神父の口によってしか聖書のことばに触れることの出来なかった中世の民に近いものがあるような気がする。「免罪符」をカトリック教会が発行したことに反対したドイツのマルティン・ルターが「宗教改革」を起こし、「麺財符」を発行したやきそば学会が「観光改革」を起こした、ＲＥＦＯＲＭＡＴＩＯＮ（宗教改革）ならぬ観光改革（ＲＥＦＯＲ麺ＴＩＯＮ）？・」である。（寒）

⑷天下ご麺の商標登録～特許庁のお墨付き

「富士宮やきそば」の認知度が全国的に高まるにつれ、新たな課題や問題が生まれた。「商標登録」もその一つである。富士宮やきそばを地域ブランドとして守り育てていかなければ我々の目的とする「富士宮の地域活性化」はなし得ない。その為には、他者からの侵害に対しての対抗策として「商標登録」が重要となってくる。商標登録することによって、他者が無断で「富士宮やきそば」という表記は使用出来なくなり地域ブランドとして保護されることになるからである。

但し、ここで問題となったのは「富士宮やきそば」という商標が「地域名」＋「商品名」の組合せであったことである。我々が商標登録を試みた段階での商標法では、基本的に「地域名」＋「商品名」の商標は認められないものであった（商標法第三条一項）。もちろん例外はある。商標として際立った顕著性、周知性の高さが認められるものに関しては過去に認められているものはあるが、「夕張メロン」、「宇都宮餃子」、「関あじ、関さば」など既に全国的に有名な（周知性が高い）ものに限られている。後に（２００６年４月）団体商標制度が施行され、全国的な周知性は無いまでも、近隣の県では周知性があり、法人格を持った団体が出願したものは登録が可能となる旨商標法が改正されたが、我々が最初に「富士宮やきそば」の商標登録を試みたのは2002年のことであり、にわかに有名になり始めたとは言え、まだまだ全国的な周知性を得たとは言えず、その時点では登録商標を獲得することは出来なかった。しかしそれは我々がまだ活動を開始して日が浅かったことによることが大きく、継続的に登録を試みることにした。

富士宮やきそば 商標登録に認定

名称使用料の請求も可能に

市民団体 ブランド保護へ申請

富士宮やきそば学会（渡辺英彦会長）は十七日、「富士宮やきそば」が特許庁から商標登録として認定されたと発表した。

地域名と商品名を組み合わせた名称は原則として認められないが、「富士宮やきそば」の場合、まちおこし活動で全国的に広めた知名度を積極的にPRし、今回の登録にこぎ着けた。

同様のケースで夕張メロンや宇都宮餃子（ぎょうざ）など登録された事例はあるが、市民まちおこし団体が認証を受けるのは初めてという。

富士宮の麺（めん）を使用していないのに「富士宮やきそば」として販売するケースなどもあることから、ブランド保護のため登録を申請した。

今後は「富士宮やきそば」の名称使用などの差し止め請求や損害賠償の請求、業者などへの商標使用料の請求などが可能になった。

渡辺会長は「地域ブランド構築に向けた活動の帰着点と考えている。商標使用に伴う収益を地域づくりに生かしたい」と話していた。

富士宮やきそばが登録商標に

この一連の手続きに関しては、これもまた運が良いとしか言えないが、以前からご近所で親しくお付き合いさせていただいていた弁理士の塩川修治氏が、我々の活動に理解を示してくれ、手数料など取らずに当初から関わってくれたのである。そして、市役所の渡辺孝秀さん（富士宮やきそば学会運営専務）が活動当初からのマスコミ関係の資料をすべて保管してくれていたことが大変役立つこととなった。活動開始後3年以上にわたる膨大な量の新聞の切り抜き、雑誌のコピー、報道番組のビデオなどを特許庁に持ち込むことによって、審査官の方がその量の多さから富士宮やきそばが全国的に周知性が高いものであると判断してくれたからである。つまり、「全国的な周知性」と言っても審査官の判断は必ずしも絶対的な数値基準に基づくとは限らないのであり、悪く言えば「イメージ」も重要なファクターであると言える。その点で「富士宮やきそば」はメディア対策に徹してきたことが幸いし、イメージ戦略は上手く言ったと言える。その努力が認められ、２００４年９月、塩川弁理士の取り計らいでめでたく「富士宮やきそば」が旧商標法上の高いハードルをクリアーし、登録商標となったのである。

更に喜ばしいことには、塩川弁理士は２００６年４月、奇しくも商標法改正と時を同じくして、黄綬褒章を受章したのである。「富士宮やきそば」の登録が評価されてのことであると言いたいところだが、30年間「知的財産」の保護に努めたことが受賞理由である。以来、商標管理などを通して今ではＮＰＯ法人の幹事としてなくてはならない存在となっている。

そして、この「富士宮やきそば」という商標には実はどんな商標にもない大きな特徴があるのである。前述した「夕張メロン」や「宇都宮餃子」などは、「ＪＡ」や「飲食業組合」といった団体が商標権者となっている。つまり、組織自体の商業上の利益確保のために商標登録を行っているのであるが、「富士宮やきそば」は市民団体であるＮＰＯが商標権を取得しており、その使用目的は一企業や業界の為ではなく地域の活性化が目的なのである。つまり、一般的な商標権の使用形態とは一線を画しており、一企業や業界の利益よりも地域の利益になることを優先して使用する、例えば通常一企業が商標権を持っている場合、仮に外部の大手企業が「富士宮やきそば」の商標を使って商品開発することは自己の利益を侵害する可能性があることから避けようとする傾向があるが、仮にその外部企業が商品開発することにより、「富士宮やきそば」の認知度、周知性が全国的に高まることにつながるのであれば、その波及効果は長い目で見て地域の活性化に役立つものと判断し、使用を許諾することもありうるということである。２００７年2月には大手食品メーカーである東洋水産からカップの「富士宮やきそば」が発売されたが、これも大手企業のネームバリューと全国的な販売チャネルを活かして「富士宮やきそば」の更なる認知度向上に役立つと判断して商標の使用を認めたのである。地域の事業者を守ることと、地域を守ることとははっきり分けて考えている。こういった形態での登録商標の取得は全国的にも例のないことであり、この点からは

「富士宮やきそば」は、真に地域の為に活用される「知的財産」としての先進事例なのである。

2006年に商標法が改正され「団体商標制度」が出来たことは既に述べたが、そのことにより「地域名」＋「商品名」の商標が登録し易くなり、全国で出願ラッシュが続いている状況だが、商標の登録が「地域ブランド」化であるということではない。経済産業省によると、「地域ブランド化とは、（1）地域発の商品・サービスのブランド化と（2）地域イメージのブランド化を結び付け、好循環を生み出し、地域外の資金・人材を呼び込むという持続的な地域経済の活性化を図ること」とある。「地域ブランド」のさきがけであるならば、「富士宮やきそば」は持続的な地域経済の活性化を図らなければならないのである。

現在ではNPO法人まちづくりトッププランナーふじのみや本舗のもとで「富士宮やきそば」の商標が管理され、既に多くの企業が商標の「使用許諾契約」を結んでいる。そのことにより「使用料＝ロイヤルティー」が支払われ、それが全く資本のなかったNPO（富士宮やきそば学会）の活動資金の重要な部分を占めるようになってきている。この点も行政や業界の予算を使用しなくても活動資金を生み出す事例として市民団体には参考になるのではないだろうか。

⑸富士宮チルドレン

富士宮やきそば学会の認知度があがるにつれ全国から視察団体が数多く訪れるようになり、その中には富士宮やきそば学会の手法を参考に、時には全く同じように「地域ブランドづくり」に取り組み始める地域がいくつも生まれている。代表的なものを紹介してみよう。身近なところでは、「静岡おでんの会」なども、市民団体として会員が店の調査活動を展開し、その調査結果をもとに「静岡おでんマップ」を作成するなど、富士宮の事例を参考にしている。

「富士宮やきそば学会」方式を忠実に踏襲して立ち上がった団体に「八戸せんべい汁研究所」通称「じる研」がある。名前からして何かオヤジギャグ的な響きを感じるが、それもそのはず、この会は設立以前に富士宮を訪問しており、勝手連の市民団体の動きがマスコミに対しても好印象を与え、オヤジギャグを駆使しての情報発信が非常に効果的であることなどを事前学習しているのである。八戸市近郊には「せんべい汁」という世にも奇怪？　な食べ物を提供する店が富士宮と同じように１５０軒以上もあるという。「せんべい」なので「マルサ」ではなく「マルセ」と称する調査員がユニフォームまで作り、せんべい汁店の調査活動を展開、その活動自体が楽しく話題性のある点も富士宮方式と言える。調査結果をもとに「八戸せんべい汁マップ」を作成、のぼり旗も作成し新幹線「はやて」の開通一周年を記念してせんべい汁による地域ブランドづくりを開始したのである。

もう一つの事例は鳥取である。読者諸兄は鳥取が「一大ちくわ王国」であることを知っているだろうか？　実はちくわの消費量は全国一、当然生産量も極めて多いのだ。そして、地元以外ではほとんど知られていないのが「とうふちくわ」である。読んで字の如し、豆腐とちくわの掛け合わせであり、通常のちくわより太くて大きくて白い、実に奇妙な食べ物なのである。しかし、奇妙に思うのは外部の人間だけで、鳥取では会社帰りのお父さんが駅のホームでビール片手にとうふちくわをかじっているのは日常的な光景であり、とうふちくわを生産している会社も7社あるのだそうだ。鳥取観光コンベンション協会の植田氏が中心となり、このおかしな食べ物でまちおこしをと立ち上げたのが「鳥取とうふちくわ総研」通称「とう総研」である。そしてこの組織もまた設立以前に富士宮に来ており事前学習していたのだ。はっきり言ってここの悪乗りは富士宮以上のものがある。私が初めて鳥取を訪れた際には植田氏がダンボールの箱で作った「とうふちくわ君」というかぶりものをして「こんにちくわ」ときた。メンバーの中にはとうふちくわにアナをあけて笛代わりに吹いているものもいる。また、単独で売り込むのではなく、全国の様々な食材と「お見合い企画」を推進している。「やきそばにとうふちくわ、カレーにとうふちくわ、おでんにとうふちくわ…」と言った具合だ。「身長17㎝、体重130g、スリーサイズはB＝11㎝、W＝11㎝、H＝11㎝、血液型は断面がO型、味はえー型」いいかげんにしろと言いたくなる。極め付けに最後の挨拶が「どうもありがト・ウ・フ・チ・ク・ワ！」である。一見バカバカしいオヤジギャグの連発なのだが、気が付いてみるとこの「こんにちくわ！」が非常に印象に残っているのだ。こう言っては失礼だが、味の印象は強烈でなくとも、別な要因で印象付けに成功しており、この点に関しては全国の中途半端なPR（印象付け）しか出来ていないところは大いに学ぶべきである。商品が売れるか売れないかは、勿論味や品質も大事だが話題性といった付加価値も含めての総合的イメージが決め手となることを肝に銘じておく必要がある。

静岡おでんの会、八戸せんべい汁研究所、鳥取とうふちくわ総研、最近では浜松の餃子学会なども富士宮やきそば学会をモデルに活動を開始しており、八戸せんべい汁研究所などは自らを「小泉チルドレン」よろしく「富士宮チルドレン」と名乗っているほどである。

(6) B1グランプリ&愛Bリーグ

前出の八戸せんべい汁研究所は、「まるせ」調査以降の話題作りとして、更なる情報発信をする為に効果的な企画として、富士宮やきそばを含む他地域のご当地グルメを八戸に集結することを思い付く。全国のご当地グルメが八戸に集まることは話題性もあり、特にB級ご当地グルメが一堂に会する企画は全国初であり、「B1グランプリ」というネーミングも楽しいイメージが富士宮チルドレンらしく話題性抜群である。

平成18年2月18日、私のオヤジギャグと同じくらい寒い？　八戸に北は北海道から南は九州まで、B級ご当地グルメでまちおこしを図る10団体が集結した。「八戸せんべい汁」、前出の「鳥取とうふちくわ」をはじめ、北海道富良野市の「食のトライアングル（農・商・消）研究会の「富良野ヌルネバキーマカレー」、「室蘭やきとり一匹会」の「室蘭やきとり」、「青森おでんの会」の「青森生姜味噌おでん」、秋田県横手市からは言わずと知れた富士宮のライバル「横手やきそば暖簾会」の「横手やきそば」、福井県小浜市から「御食国若狭倶楽部（みけつくにわかさくらぶ）」の「浜焼き鯖」、北九州小倉からあの「天下分け麵の戦い」で一躍有名になった「小倉焼うどん研究所」の「小倉発祥焼うどん」、同じく福岡県の久留米市からは「久留米やきとり学会」の「久留米やきとり」、ここに「富士宮やきそば」が加わ

B1グランプリ開催

り正にB級ご当地グルメの祭典＝「第一回B1グランプリ」が開催され、「B級ご当地グルメの王座」を競うこととなった。

　ここでエントリーした10のB級グルメの特徴を見てみよう。「富良野ヌルネバキーマカレー」は玉葱、人参を中心にすべて富良野産の食材をふんだんに使い、更に納豆、長芋、オクラ&37種類のスパイスを調合し、米は富良野赤ワインで炊き上げるといった手の込んだもので新しい食感を楽しみながら栄養価も非常に高い作品である。「室蘭やきとり」はやきとりと言っても豚肉、玉葱、洋がらしの組合せであり、昔から工業のまちとして繁栄してきた室蘭の労働者の胃袋を満たす食材として親しまれてきたものだと言うだけあって、素朴だが年季と力強さを感じさせる味わいがある。「青森生姜味噌おでん」も地域色を強く感じさせる食材であり、冬の厳しい寒さの中、青函連絡船に乗り込もうとする船客の体を少しでも暖めようと味噌に生姜をすりおろして入れたのが始まりであると言う、うんちくを聞いただけで体が温まってしまいそうだが、もちろんうんちくだけでなく伝統を感じさせる旨みが胃にしみる逸品だ。先にも触れた「八戸せんべい汁」は、名前のインパクトも抜群、更にせんべいを煮るという意外性がミステリアス、予想外の食感アルデンテがサプライズという代物、聞いたら食べたくなること必至、「ビックリでも旨い」という表現がぴったりのグルメである。富士宮の最強ライバル「横手やきそば」は同じやきそばと言っても、違う食べ物と言ってよいほど、その特徴に違いがある。麺は湯で麺、ソースも富士宮に比べるとスープに近く、挽き肉を使い目玉焼きを乗せるなど、驚くほどすべての構成要素が違うのだ。しいて言えば終戦後、駄菓子屋や屋台でファーストフード的に普及したものであるという点だけが共通点と言える。富士宮と「食の交流都市宣言」を交わしている福井県小浜市は「ヤキソバVSヤキサバ」のオヤジギャグで数々のイベントを開催してきた仲であるが、飛鳥・奈良時代から朝廷へ食材を献上する「御食国（みけつくに）」として栄えたまちであり、全国に先がけて「食のまちづくり条例」を制定した先進都市である。単に焼き鯖と言っても高度なテクニックがあり、包丁の入れ方から焼き加減まで熟練の技を要する。脂ののった焼き鯖を生姜醤油で食べればまさに至福の味であり、「サバを読んだ」味？　では決してない。

「鳥取とうふちくわ」は先にも述べたとおり、全国の食材と「お見合い企画」を展開していることからもわかるように、活動団体の「鳥取とうふちくわ総研」が思い切り個性的なのとは裏腹に、癖の無いどんな食材とも相性が良いが、そのまま食べてもビールのつまみにも手軽で美味しいものである。「小倉発祥焼うどん」は干しうどんを茹でて焼くというやはり素朴なものだが、富士宮やきそばと同じように戦後物不足の頃の工夫が現在まで生き続けているが、最近は若手が焼うどんに取り組むようになった、以前は手に入らなかったバターや酒なども加えるなどして新たな旨さを生み出していて、まだまだ進化するパワーを感じる食材である。

どこのご当地グルメも美味しいものばかりで、どこがグランプリを獲っても不思議はなく、富士宮にとっては遠隔地、ＡＷＡＹの戦いということにもなるので一見不利なようにも思える。しかし蓋をあけてみれば「富士宮やきそば」が見事グランプリを獲得していたのであった。繰り返すが、どのグルメもご当地で長年愛され食され続けてきたものだけに美味しいものばかりであり、味の差が勝敗を分けたとは考えにくい。冷静に考えてみると、他のグルメと比べて「富士宮やきそば」が勝っているのは「情報量」である。「富士宮やきそば」は富士宮やきそば学会発足当時から、数多くのメディアに採り上げられその情報量は膨大なものであり、それ故特許庁が改正前の商標法において、地域名＋商品名の組合せによる商標は原則的に認められないにも関わらず、全国的な周知性があるという理由で登録を認可したのである。インターネットで検索しても、「富士宮やきそば」のヒット数は参加グルメのなかで群を抜いていることでも、情報量においては他を圧倒していたことがわかる。その「富士宮やきそば」でさえ2000年以前には富士宮市外にほとんど知られていないものであった。そのようなB級グルメであっても話題作りと情報発信を繰り返せば短期間でナショナルブランド的なメジャーな商品と肩を並べることも出来るのである。それどころか、商標登録という側面から見れば昨年の「地域団体商標制度」の導入後登録された「高崎だるま」、「小田原かまぼこ」、「由比桜えび」、「有田みかん」や「長崎カステラ」のようなメジャーな商品よりも先を行っているのだ。

今回のB1グランプリを契機に、参加した「ご当地グルメでまちおこしをする団体」の協議会「愛Bリーグ」（通称）が発足され、第二回大会以降のB1グランプリを運営していくこととなった。団体のスローガンは「ビー、ワンダー！（Be wonder!＝B-1だー！）である。このネットワークの力により、今まで一団体の力では単独でなかなか全国的な情報発信が難しかったものでも、加盟することにより一気に全国デビューすることも可能になり、「地域ブランドづくり」が各地でさらに推進されることになるだろう。

7．理麺記

(1) 学麺のすすめ

「富士宮やきそば学会」がそもそも学術的な団体ではないことは、これまでの経緯を読んでいただければわかることだが、活動範囲が広がり認知度も高まってくると、本来の目的以外の団体とのネットワークも派生してくるもので、行政、商工会議所、観光協会、NPO、食品業界等は当然のこと、学校の総合学習や大学などの調査、研究対象にもなったりする。現在までに私のところへ研究のために調査やヒヤリングに訪れた大学生や先生方は数知れず、自分達は時間が無くてなかなか活動結果を体系的にまとめることが出来ないのだが、代わりに様々な角度からレポートや論文にまとめてくれたりするので大変有難く思っている。そして、活動開始当初には恐らく冗談としか思えなかっただろうが、最近は大学からの講演依頼も多く、今年は未来塾時代の専任講師の一人であった田中孝治先生の紹介で何と静岡大学で非常勤講師として地域政策の講座も担当することになってしまったのである。

元来やきそばや麵類に関しての研究をするために「富士宮やきそば学会」を立ち上げたわけではなく話題性を狙ったオヤジギャグだったわけだが、有名になるほど「学会」を名乗っているとあたかも（少なくとも）やきそばに関しては専門的な情報を持ち合わせた団体であろうと思われてきても仕方がないことで、まちづくり関係以外のシンポジウムなどにも呼ばれることも出てくる。「日本うどん学会」（こちらは富士宮とは正反対に学術的な団体）が2005年11月に第3回大会を香川で開催したのだが、私もパネリストとして招待されてしまった。うどんに関する様々な研究発表が大学教授や企業の研究者によって次々と発表されたが、たかがうどんごとき（失礼！）に参加者の熱意にはすごいものがあり、圧倒されてしまう。

組織が学術的でないからと言って、アカデミックな側麵（面）？ に興味が無いわけでもない。麵類の情報に触れる機会も増えるなか、個人的に関係文献を紐解くことも多くなった。国立民俗学博物館元館長の石毛直道氏の代表作「文化麵類学ことはじめ」もそのなかの一冊である。石毛先生には後日「愛Bリーグ」（後述）の相談役に就任していただくことになるのだが、私なりに「麵」というものを追求してきたご縁であると考えている。

そもそも「麵」とは小麦のことであり紀元前7000年ごろにメソポタミアで栽培化され、シルクロード経由で中国入りし、一般的に「麵」と呼ばれる加工品として広く普及した。本来我々が呼ぶところの麵には、ラーメン、うどん、そば、ソーメン、ビーフン、スパゲティ、冷麵、春雨に至るまで小麦に限らず「線状に加工した食品」が広く含まれる。今や「麵類」は世界のあらゆる地域で受け入れられ、人類に普遍の食品であると言える。

芸術も国家、文明間の壁を越えて受け入れられるものだと思うが、「麵類」も文明の壁を越えて受け入れられている食材と言える。国際政治学者サミュエル・ハンチントンは著書「文明の衝突」の中で、東西冷戦終結後の世界は「西欧対非西欧」の対立の構図になると指摘するが、麵の世界に限っては文明の壁を見出すことは出来ない。「富士宮やきそば」も中国経由の麵と英国生まれのウスターソースに日本的食材（肉かす・だし粉）をアレンジしたものである。一見無関係のようだが、こうした「文明の壁」が存在しない素材を活かしたネットワークづくりによって異文化間コミュニケーションも図ることが出来るし、大袈裟に言えば世界平和の糸口も隠されているような気がするのである。さすがのハンチントンもそこまでは言及していない（当たり前か？）。

「麺（天）は人の上に人を造らず、…、人学ばざれば智なし、智なきものは愚人なり」～「学問のすすめ」福沢諭吉は透かしの枚数を数えるばかりが能ではない！。「富士宮やきそば学会」は福沢諭吉を数えることに関しては非常に下手だが、たとえオヤジギャグ的な活動でも徹底して追及する過程において学ぶことの楽しさを再発見することが出来たことも、やきそばの効用と言える。

(2) To B or not to B, that is the 食え-stion! by 食む-let

2007年、団塊の世代と言われるオヤジ達が一気に社会に放出されることで、需要が見込める産業がいくつかある。私の身近なところでは「オヤジバンドの流行」とそれまでお預け状態だった「妻と共に出掛ける国内・海外旅行」が真っ先に頭に浮かぶ。若い時には時間もお金もなく、芸術活動や旅行など出来なかった世代がお金も時間も持つことができたのだから、使い方も発散型で高額なものになりやすいと言える。今、楽器店に行くと昔はお金もないし、バンドをやる学生は不良などと呼ばれていた世代の憧れだった「ギブソン」や「フェンダー」、「マーチン」といった高級ブランドのギターが団塊の世代のオヤジ達によって次々に買われているし、旅行も高級ホテルに宿泊したり、世界一周船の旅などの豪華なプランのものが熟年カップルの為に用意されている。そして様々な土地を旅行することにつきものなのが「ご当地グルメ」である。それぞれの土地の風景を楽しむのと同時に、その土地の食材を堪能することは旅の付加価値を非常に高めるものである。そしてそこに新たな発見という知的満足感が加われば旅行の価値も上がろうというものだ。その点から考えると既に全国的に知れ渡っているもの（A級グルメ？）よりも、今までに見たことも無い、勿論食べたこともないけれどその土地その土地で愛され続けてきた料理（ご当地グルメ）を発見した新鮮な喜びが旅に与える付加価値は大きいと言えるのではないかということである。つまり、これからのニーズは埋もれていたB級ご当地グルメの発見であり、B級であるが故にそのポテンシャリティー（潜在力）は計り知れないものがあるのである。「富士宮やきそば」の一大ブレイクが他のB級ご当地グルメのこれからの可能性を物語っているのではないだろうか。まさに「B級であるか否か（To B or not to B）」こんなところに引用されてはシェークスピアもさぞかし不満だろうが、それが決め手と言っても良い時代が訪れているのではないかという気がするのである。そして行くは前述した「愛Bリーグ」の加盟団体を50団体、１００団体にし、国内だけに留まらず海外にもそのネットワークを広げ（「愛Bリーグ・インターナショナル」の設立）、「B１グランプリ世界大会をローマのコロッセオで開こう！」

というのが愛Bリーグ会員の合言葉となっているのである。

(3)オヤジギャグは情報加工（「遊び心」がKEYWORD）

様々なオヤジギャグを駆使して活動を展開してきた富士宮やきそば学会だが、それは単なるダジャレということではなく表現方法を変えることで、素材や活動自体は同じであっても話題性や情報発信力に大幅な違いが出るからであり、ただ単に自分達が楽しむためというわけではない。この表現方法を変えることを私は「情報加工」と呼んでいる。簡単に言えば「言葉の一ひねり」を加えるということである。

「富士宮やきそば学会」にしても「富士宮やきそば振興会」や「富士宮やきそば協同組合」ではなく「学会」だからインパクトがあるのであり、「やきそば調査員」ではなく「やきそばG麺」だから話題性が生まれるのである。「やきそばの出張サービス」ではなく「やきそば伝道使節団：MISSION 麺 POSSIBLE（ミッション 麺 ポッシブル）」だからマスメディアが採り上げてくれるのだ。マスメディアが採り上げないものは情報として外部に伝わらないからその存在感が極めて希薄となり、多くに認知されないから誘客力も持たない。これはやきそば以外の素材にも同じように応用が可能で同じように効果が期待出来る。

「やきそばブームの検証と新食ブランドの確立に向けて」をテーマにしたワークショップ＝富士宮市役所

「ネーミングで価値変わる」

富士宮で研究集会　焼きそばブーム検証

「富士宮の食ブランドを考える―やきそばブームの検証と新食ブランドの確立に向けて」と題したワークショップ（NPO法人まちづくりトップランナーふじのみや本舗主催）が六日夜、富士宮市役所で開かれた。市民ら約二十人が参加した。

富士宮やきそば学会の渡辺英彦会長が講師を務めた。

渡辺会長はマスコミを通じて「富士宮やきそば」の情報が多く発信されている理由として、秋田県横手市、群馬県太田

2004年10月８日　静岡新聞

いくつかの事例を検証してみよう。

浅間大社前から東へ延びる神田通り、その神田商店街で新たに女性の会を立ち上げるにあたり、光栄にも私にネーミングの依頼があった。どうせなら思い切り話題性のあるネーミングをと、「スーパー・オカミ・カンダ」と名付けた。折りしも東京大学の小柴教授がノーベル物理学賞を受賞したのを受け、「商店街からノーベル賞級の情報発信を！」という意図を込めたものである。もちろん、宇宙線「ニュートリノ」の観測装置「スーパー・カミオ・カンデ」にちなんだものだ。富士宮で「スーパー・オカミ・カンダ」というおかみさんの会が出来たということだけで、TVや新聞の取材が殺到した。「面白い会が出来ましたね！」と記者達の弁、もちろん活動はこれからなのだからネーミングに関してのコメントである。これが、「神田おかみさんの会」であったなら同じようにマスメディアで話題になっただろうか？

前述した富士宮やきそば学会のアンテナショップでは、スタンダードな富士宮やきそばに加えて辛口の富士宮やきそばをメニューに載せているが、ただの辛口やきそばではない。「練り香味唐辛子」というココナッツ油や各種香辛料により、発汗作用もあって夏バテに効く調味料を使って焼くので「激香夏麺！（げっこうかめん）」、キャッチコピーは「何処の麺かは知らないけれど、誰もがみんな汗をかく！」である。冬は冬で自家製青唐辛子を入れた「冬ソバ」、「ヨン様も汗だく」のコピーと共に売っている。さらに、「激香夏麺」＋「冬ソバ」という超辛口の「辛極（しんきょく）」もある。もちろん、イタリア文学の祖＝ダンテにちなんだもので、辛すぎるので「食べれば天国、はたまた地獄！」というコピーを伴ってネーミングしたのだが、これらのメニューも単に「辛口富士宮やきそば」と言って売ったのではマスメディアネタにはならない。発売当初からマスメディアが数多く取材に訪れているが、それは「味の違い」ではなく、ネーミングによるところが大きいと考えられる。

「お宮横丁」には、富士宮やきそば学会のアンテナショップ以外にも話題性の高いテナントがいくつも出店している。富士宮が全国一を誇る「ニジマス」のアンテナショップは「鱒によるビジネス」を意識して「鱒益分岐店（そんえきぶんきてん）」と名付けられ、ニジマスのハンバーガー＝「鱒バーガー」を販売している。食べてみれば実際にかなり美味しいものだが（本家モ〇バーガーにも負けない！）、それは食べるまでわからないわけで、多くの報道機関が取材に訪れているのは、「鱒益分岐店の鱒バーガー」の話題性が高いということによるのである。

最近、鱒関係の商品のバリエーションも増えつつある。ニジマスのすり身を使った薩摩揚げは「鱒　THE　鱒」（ますざます）、「富士宮のお土産に最適　THE　鱒（ざます）！」ニジマスの燻製は「鱒モーク」（MASMOKE）である。いずれもただ「ニジマスの薩摩揚げ」や「ニジマスの燻製」では話題になりにくいものである。

もう一つ、豚肉のアンテナショップ「ポーク神社」があり、この店では「ルイビ豚（トンとン）」という豚肉が売られている。ここも豚肉が美味しいことは言うまでもないが、「ポーク神社のルイビ豚」という言葉の響きには、大抵のマスコミが喜んで使うだろうパワーを感じる。

豚も最近次々に新ブランドが生まれており（朝霧放牧豚、ヨーグル豚、萬幻豚等）、富士宮が豚肉の生産に関して先端を行っていることの証明であるとして、私は富士宮市を「世界最先豚のまち」というイメージ戦略で売ることを提唱している。

こうした一連のネーミングやコピー＝「情報加工」に共通するKEYWORDは「遊び

心」だ。個人的には「楽しい響き」が重要だと思っている。聞いただけで思わず笑ってしまうようなものほど加工のレベルが高いものということになる。出来得ればその中に「夢」や「憧れ」といった要素も盛り込めたならば「秀逸」なものと言えるだろう。世の名コピーライター達の作品には「面白さ」や「楽しさ」を超えて、思わずうなってしまうネーミングやコピーが数多くある。

私が特に素晴らしいと思っているネーミングをいくつか紹介しよう。

「通勤快足」～言わずと知れたレナウンの抗菌防臭ソックスでももちろん「通勤快速」のパロディーネーミング。1981年に当初「フレッシュライフ」というネーミングで売り出したが存続が危ぶまれるほど売れ行きが芳しくなかったそうだ。それが「通勤快足」にネーミングを変えることで飛ぶように売れ、一時デパートで品切れになるほどだったという。

「プリントゴッコ」～これも一昔まえには「一家に一台」、理想科学工業の簡易印刷機だ。「ごっこ」という日本語独特の接尾語を使い、「遊び感覚」で印刷が出来るというイメージがよく伝わる秀逸なネーミングである。子供から大人まで幅広い層に支持され大ヒットにつながったのも頷ける。

「ゴキブリホイホイ」～これも知らない者のないアース製薬の簡易ゴキブリ捕獲機だが、

このネーミングにも逸話がある。売り出し当時は怪獣ブームの最中であり、「ゴキブラー」というネーミングで発売する予定だったが、これがすでに商標登録されていたので、当時の会長が考えたものだそうだ。「ごきぶりもホイホイ取れて、商品もホイホイ売れて、会社もホイホイ儲かる」のだそうだ、いかにも大阪で創業した会社らしい。店頭に並んでいたら思わずホイホイ買ってしまいそうだ。これも1973年に発売されるや大ヒットしてたちまち日本中に普及したことも納得出来る。

「写ルンです」〜富士写真フイルムの使い捨てカメラ、「おしゃべり言葉」風ネーミングの元祖的存在。「ルンン」をカタカナ表記することでルンルン気分が上手く表現され、ノリの良さが強調されており、見た目にも効果的なネーミングとなっている。

他にも素晴らしいネーミングは数多くあるが、個人的に印象の強いネーミングに共通する要素は「遊び心」と言ってよい。当たり前の話だが、楽しいものはつまらないものに比べて記憶に残りやすいので情報発信力が強い。つまりブランド化しやすいということになるのである。

(4) 恐るべき「さぬきうどん」 VS 底知れぬ「富士宮やきそば」

「遊び心」がKEYWORDと言えば、先進事例として忘れてはならない存在がある。四国の「さぬきうどん」だ。「富士宮やきそば」を知らない人はいくらでもいるだろうが、「さぬきうどん」を知らないと言う人は、常識的な日本人では考えにくい。言わずと知れたB級？ グルメの王者、B1グランプリに出場するような「掘り出し物的」食材と一線を画しているといって良い。その「さぬきうどん」でさえ、1990年頃までは、それほど全国的にメジャーな食材ではなかったのである。いやむしろ、特に若い女性にとってはうどんなどというものはオヤジの食べるもので、ダサい食べ物なので、うどん屋に入っているところなど見られたら恥ずかしいという代物だったそうである。当然そのような食べ物なので、地元タウン誌も特集を組むようなことはそれまでなかったそうだ。

昨年（2006年）、ユースケ・サンタマリアが主演した「UDON」という映画が放映されたことで「さぬきうどん」が如何にしてメジャーになっていったのかを知った方も多いのではないかと思う。実はユースケ・サンタマリア演じる主人公「松井香輔」にはモデルがいる。知っている人にしかわからないが、映画を良く見ているとしっかり本人も登場しているのだが、高松市のタウン誌＝「タウン情報かがわ」の編集長をしていた田尾和俊氏である。

田尾氏はタウン誌を通して若者を面白がらせ、動かすネタを探していたそうで、1989年に友人に連れていかれたうどん屋でその面白さを発見し、連載を始めたのだそうだ。

「ゲリラうどん通ごっこ」と名付けられた連載のネタ探しのため、スタッフを連れて次々にうどん屋を訪れるうちに、ゲリラうどん通ごっこ軍団＝「麺通団」と呼ばれるようになる。そして「麺通団」の基本スタンスは、「面白い、怪しい、楽しい」ということ、「あくまでもさぬきうどんで遊びまくる」ことであると田尾さんは言う。その記事の特徴は、うどんという食材をメインテーマに入れながら、うんちくをたれるグルメ情報ではないという点である。通常のグルメ誌には必ず掲載されている写真も載せず、地図も載せず、一体何が載っているのかと言えば、そこには面白くて、怪しくて、楽しいうどん屋の情報が文章で綴られているのである。最も有名な「伝説の中村」の下りを引用してみよう。

「話は12年前にさかのぼる。麺通団顧問H氏はその頃、丸亀市に勤務していた。高松市に勤務する我々に不足しがちな西讃のうどん屋情報を一手に引き受けていたH氏から『裏の畑で自分でネギを取ってきて食べるうどん屋』の話を聞いたのも、その頃である。

『お前な、ネギは裏の畑やぞ』

なんせH氏の話にはこういうのが多い。以前にも坂出の蒲生を紹介してくれた時、そのすごさを『お前な、ダシはイデやぞ』（注：だしをイデに捨てる）の一言で済ませたおっさんである。

『昼前にな、セイロにうどんうちあげてな、それがなくなったら終わりや⇐』

当時、H氏の勤務先にH氏以下A籐（現団員）、SS木、それにA部所長というううどんドカ食い4人衆がいて、昼めしに4人でひとセイロあけたという伝説が残っているが、その2つのエピソードとともに、その店「飯山の中村」の名は強烈に頭の中に残っていた。伝説の店、中村。絶対に偶然には見つけられない店、中村。裏の畑でネギが鳴く、中村。今、マスコミに頻繁に紹介されてこんなに有名になろうとは当時誰が予想しただろうか。

話は2年前にさかのぼる。

一通の手紙が来た。（今頃紹介するか！）差出人は大阪から転勤で単身高松に来た、当時22才の独身の女性。仮にペンネームをおいなりワンとしておこう（どんなんや！）。

私は昨年8月、仕事の都合で大阪から香川にやって参りましたが、ある日何気なく本屋で手にとった「かがわ」に病みつきになってしまいました。もちろん文化人講座が一番好きなんですが、食道楽の私にとっては麺通団の人々の話題にも目が離せません。

さて、先日のことです。知人とこんぴらさんにお参りに行った帰り、とんでもないうどん屋さんを教えてもらったのです。名前は「中村じんべえさんのうどん」。なにせ地元民ではないので地理ははっきりしませんが、飯山高校から高松の方向へ7〜8分行ったところで、岩崎タクシーというところの角を奥へ300mほど入ったあたりとしか説明できません。なんか小さいプレハブみたいな建物が店で、前がネギ畑。お客さんはそこで各自ネギをちぎって店に入り、自分でネギをきざんで（まな板と包丁があった）自分でしょうがをすってうどんを湯がいてどんぶりに入れて…とにかく「うどん玉を用意してあるだけ」という徹底したセルフの店でした。だしは炊飯器容器のポットの中。お金は缶の中に勝手に入れておつりも勝手に取るという、まるで無人の野菜売りのようなところでしたが、店のひとはいましたとそこまで観察したのに何と、私の行ったのが3時ごろで「もう麺がない」と言われて食べられなかったのです。もう一度行けと言われても一人では行けません。しかも、じんべいさんを教えてくれた人がいなくなったのです。麺通団の人だけが頼りです。ぜひレポートしてください。というわけであった。「というわけやない！…」〜『伝説の中村』：『恐るべきさぬきうどん』より」

思わず「中村」を探しに行ってみたくなる。その証拠に「ゲリラうどん通ごっこ」は大きな反響を呼び、連載開始から一年以内に「怪しくて面白いうどん屋」を食べ歩きに行くことが流行り始め、その後メディアも採り上げ、93年に「恐るべきさぬきうどん」として単行本が出版されると、全国的なブームとなっていく。挙句の果てには東京から往復5万円の交通費を払って、150円のうどんを食べに来るお客まで現れる始末、こちらの方が余程怪しいと思うのだが…。

業界の利益よりも、怪しい、楽しい、面白い情報発信を優先したことが成功の最も大きな要因である。つまり、付加価値を高めることに徹したのであり、富士宮やきそば学会にも多々共通するものがあるような気がする。と言っても「麺通団」をモデルにして「富士宮やきそば学会」を立上げたわけではない。もちろん「麺通団」の功績は賞賛に値するものであり、これからも参考にしたい事例であることは確かだが。

以前、YAKISOBASSADORである作家の勝谷誠彦氏が取材で富士宮を訪れた際、私の取り組みに対して「東の田尾和俊だ！」と言って下さり、大変光栄に思った記憶があるが、それがご縁で2003年1月、県の事業である「静岡未来づくりネットワーク交流会議」が富士宮で開催された際、「地域活性化のDNAが騒ぐ〜恐るべきさぬきうどんVS底知れぬ富士宮やきそば」と題して、勝谷氏がコーディネーター役で、私と田尾氏の対談企画=「麺'S TALK（メンズトーク）」が実現した。大変楽しい対談となったのは言うまでもないが、この時田尾氏は「ブレークさせる鍵は、行政ではなく地元のメディアと組むことと遊び心でしょう」とコメントしており、私の考えと一致していることを確認したのであった。

余談だが、田尾氏は一連の実績が地元香川で高く評価され、現在では何と四国学院大学の教授に就任されている。麵通団の団長が大学教授？　たかがうどん、されどうどん、まあ私が大学で講義することもあるくらいだから、田尾氏が教授になっても全く不思議はない、それどころか、田尾氏がタウン誌の編集の仕事を辞められるという噂を聞き付けて、香川県知事が駆けつけたという逸話がある、そのときの知事の発言が「まさか知事選に出馬するんじゃないでしょうね?!」だったそうだ。

「地域ブランドづくり」の大先輩としてこれからも後進の指導を中心に益々活躍していただきたいと思っている。

(5) 地域ブランドはホラ吹きがつくる

まちづくりに関する様々な書物や講演などでよく目や耳にする表現に「まちづくり（地域ブランドづくり）に必要な人材は、よそ者、若者、ばか者である」がある。「若者とばか者」

を一つのカテゴリーとして、「切れ者」を加えているものもある。

「若者&ばか者」は地域ブランドの確立を信じて明るく元気よく、見ようによっては「馬鹿」に見えるくらいのパワーをもって地域住民を巻き込んで行動するリーダー的存在である。地域ブランドの確立など一朝一夕にいくものではないので、他のことを犠牲にしてでも自分の時間と労力をそれに費やすことが必要であることから、部外者から見れば「馬鹿」にも見える。そして、もちろん年配の方々にもパワフルなリーダーは多いが、「馬鹿」に見えるほどに打ち込むには体力も必要であるし、トライアル&エラーの繰り返しが予想されるので物理的に考えて出来れば「若者」のパワーが必要であろう。

「ばか者」だけでは、地域ブランドづくりは出来ない。とかく、「ばか者」は対外的な活動に奔走することが多くなりがちである為、事務的な手続きが手薄になる。表に出ないが事務局的な役割をきちんとこなしてくれる人材もなくてはならない。出来れば、法律、経済、経営、会計等に関する専門家を配して活動できることが望ましい。これらの人材を「切れ者」と位置づけよう。

さらに、よく言われることだが地域づくりの場で必要なのは「外部からの視点」である。地域内だけの視点からは地域を客観的に評価することは出来ない。また他地域との差異が解からないと潜在力をもった素材の存在にも気が付かないことが多いものだ。「富士宮やきそば」が第三者的視点から再発見されたことが典型的事例と言える。つまり、客観的視点を持った「よそ者」の存在もまちづくりには欠かせないと言える。

そして、本書のテーマに即して考えるならば、私はさらに「ホラ吹き」をキーパーソンに加えたいと思う。既に述べたように、地域ブランドづくりには「話題づくりと情報発信」が不可欠であり、その源は情報加工にある。地域の素材を思い切り風呂敷を広げて（「過大評価」して）、付加価値を高め発信することが重要である以上、それを担う発信元＝「ホラ吹き」的存在が欠かせないのだ。もちろんここで言う「ホラ吹き」とはまさに情報加工をする人のことであり、嘘をつく人という意味ではない。地域素材の潜在力を信じて、ある意味過大評価して発信することは、自分にとっての理想像を公言することであり、政治的に言えば「マニフェスト」につながるものであると思う。公言してしまったものは、良い意味で帳尻合わせをしなければならなくなる。でっかいホラを吹けば吹くほど、地域づくりに邁進しなければならない環境を自分でつくることにもなる。そして、でっかいホラほど面白いのでマスメディアが採り上げる。富士宮やきそば学会が話題先行型でマスメディアで大量の情報発信をしたことにより、一刻も早く調査活動やマップづくりなど、環境・基盤整備活動をしなければならなかったから事がスピーディーに運んだことから見ても良い意味での「ホラ吹き」の効用が確認出来る。私は今でも次にどんなホラを吹いてメディアを引きつけようかと思いを巡らしているので、連日眠れない日々が続いているのである。

(6) 蕎麦打ち男は地域ブランドづくり?～富士宮やきそば学会方式が何故有効か?

残間里江子さんのエッセイに「それでいいのか蕎麦打ち男」がある。団塊の世代に対してのメッセージなのだが、タイトルが秀逸、思わず手にとってレジへ持参してしまった。というのも、最近全国様々なまちに呼んでいただく機会があるのだが、「地域ブランドづくり」というと、とかく地元の食材を使って業者も住民もみな一緒になって、〇〇鍋や〇〇丼のような新たな郷土料理を開発したり、地元産蕎麦粉を使ってみんなで蕎麦打ち体験、みんなで自分達の打った蕎麦を賞味満喫、「やっぱり自分達で打った蕎麦は美味い、これをこれからは地域ブランドとして売っていこう!」などという話をよく耳にする。果たしてそれでいいのだろうか? 新しい料理の開発や蕎麦打ちが悪いなどと言っているのではない。自分で地元の粉で打てばそれだけで美味しいと感じるのは当たり前である。もし、その蕎麦を「地域ブランド」にしたいのなら、その地域以外の人が、「さぬきうどん」のようにその蕎麦を出向いて食べてみたいという気にならなければ意味がないではないか？　繰り返すが、「地域ブランド化」とは「地域外の資金・人材を呼び込むという持続的な地域経済の活性化を図ること」である。その蕎麦が他の地域の蕎麦とどう違うのか、どんな価値があるのかを判り易くより多くの人に伝えることにより、資金・人材を呼び込めなければだめなのだ。たとえ味はいま一つでも話題性のあるものの方がブランド的には価値があると言ってもいい。前にも述べたが、いくら味が良くても、知られていなければ無いのと同じ、とても「地域ブランド」などと呼べるものではない。

つまり、このような事例で間違っているのは全員がものを作る側に回ってしまうからで、役割分担が出来ていないことにある。マーケティングの世界では当たり前の話なのだが、製造者と販売者が居て、製造者側が質の高い製品（美味しい食品）を販売者側に納品すれば自然に製品は売れるなどということはないわけで、当然そこに宣伝広告、セールスプロモーションという行為が組み込まれることによって、消費者にその製品の存在が認知されたり、品質の良さやブランドイメージといった付加価値が伝わることによって初めて売れることにつながるわけである。

この当たり前の理論がどうも「地域ブランドづくり」の現場で見落とされているような気

がしてならないのである。これが大企業ならば、莫大な宣伝広告費を使って大手広告代理店にセールスプロモーションを依頼するので上述のシステムが機能するのであるが、こと財政難の地方自治体やご当地ものを製造している中小零細企業がそのような宣伝広告費を支出出来るわけがなく、従って広く全国に向けての情報発信など出来ないから、ブランドの創出は難しいということになってしまうのが一般的なようだ。

しかし、富士宮方式は違う。富士宮やきそば学会は製造者でも販売者でもない。セールスプロモーション部隊である。それもタダの（行政&業界予算ゼロ）！　自治体や業界にとっての宣伝広告費がゼロなのである。つまり、大手広告代理店の業務を市民活動に置き換えてボランティアでセールスプロモーションを展開してきたということだ。それが功を奏したのは、製品（料理）を一緒になって開発したり販売したりということを一所懸命にやるのではなく、既に述べた様に様々な企画やイベントなどを通して、マスメディア対策を最重要視することによる宣伝広告活動に徹してきたからに他ならないと私は考えている。

現在、日本のもの作りや料理などのレベルは世界最高水準のものだと思う。製品の開発や料理はエンジニアや職人（料理人）に任せ、役割分担を自覚して宣伝広告に徹するというのが情報化社会における地域ブランドづくりのコツではないだろうか？　私はいつも、半分冗談、半分真面目に言っている、「富士宮やきそばの宣伝広告に関しては、D通やHH堂などには負けないのだ！　彼らが、宣伝広告費を自治体や業界から一円も貰わないで、何百億もの経済波及効果を挙げられるわけがないからである」と。

(7) フードバレー構想から「知産知消」へ

小室直義富士宮市長は現在、①食の豊富な資源を生かした「産業振興」②食のネットワーク化による「経済の活性化」③食の情報発信による「富士宮ブランドの確立」④食と環境の調和による「安全安心な食生活」⑤「地食健身」による健康づくり、以上5項目を柱とする「フードバレー構想」を推進中である。

説明するまでもないが、「産業振興」、「経済の活性化」、「富士宮ブランドの確立」という項目において「富士宮やきそば」の果たしている役割は非常に大きく、「富士宮やきそば」のブームの上に「フードバレー構想」も成り立っていると言っていいくらい密接な関係にある。もちろん我々も市民と行政の協働の上に「地域ブランドづくり」は成立するものと捉えて事業展開してきており、市長もその点を理解してくれているので、B1グランプリ富士宮大会では名誉実行委員長となり、市を挙げて全麵(面)？　的支援体制を組んでもらい感謝している。

「産業振興」、「経済の活性化」、「富士宮ブランドの確立」という項目は、地域活性化において欠かすことの出来ないものであることは誰にも明らかなことであると思うが、将来的展望においてはもう一歩踏み込んだアイデンティティーの構築が必要なのではないかと私は考えている。今迄は、ひたすら「富士宮やきそばの地域ブランド化」を当面の目的として邁進してきたわけだが、これまで様々な活動を介しそれぞれが何らかの効果を発揮してはいるが、本来の目的である地域の活性化は、現在出ているそれらの効果を持続して初めて実現されるものなのである。

その為には、世代を超えて問題意識を持ち続け活動を継続する必要があり、その為には若い世代が地域づくりに参画出来る環境づくりが求められるが、残念ながら富士宮市には大学がない。まちの賑わいや文化的施設の需要もそのまちに学生が多いかどうかに左右される傾向がある。だからと言って、大学を創ればいいという単純な話ではない。過去にも大学設立の動きが富士宮でもあったが実現には漕ぎ着けなかった。景気の良い時代においても上手くいかなかったプロジェクトが現在ではニーズ以前に経費の問題で採り合ってもらえないというのが実情であろう。

そこで私が今年スタートさせようと思っている企画は、大学がなくても大学生が絶えず富士宮のまちなかに居てくれるような仕掛けである。お陰様で、最近多くの大学から卒論研究のために学生が富士宮を訪れてくれている。しかし経費の問題が大きいと思われるのだが、非常に短い時間しか滞在出来ないので十分な研究をするに至らず、無難にまとめざるを得ないというケースが多い。私も既に何十人もの大学生を相手にしているが、残念ながら感心するものはごく僅かである。もし、十分な時間と十分な経費を確保出来、尚且つ優秀な学生が研究に取り組むならば、大学がなくとも俗に言う「産・官・学の連携」が成立し、富士宮のまちづくりが一歩前進するのではなかろうか？

そしてその経費麺？ を我々のＮＰＯ法人まちづくりトップランナーふじのみや本舗で工麺？ することが出来れば、大学の研究室側も安心して優秀な学生を送り出すことが出来るし、優秀な学生の新鮮なアイデアや企画が富士宮市の今後のまちづくりにフィードバック出来るようなシステムを構築すれば、前述したような持続的なまちづくりの環境づくりにつながるのではないかと考えているわけである。

そのシステムを運営するための基金づくりを既に確立しつつある「富士宮やきそば」を初めとする「地域ブランド」の販売や観光戦略等の有効活用によって生み出そうというのであ

る。

このシステムを上手く稼動することが出来れば、富士宮はまちづくりにおいて、ただ単に「富士山を取り巻く環境のよいまち」とか「やきそばの美味しいまち」というだけでなく地域づくりをする為のシステムやノウハウにおいて先進的な取り組みをしているまち、ソフト戦略や知財戦略に長けたまちとして全国から注目を集めていくこととなり、そのことによっての集客も大いに期待出来ることになるだろう。

お陰様で、富士宮やきそば学会もアンテナショップを経営し始めて2年余りが経ち、専従の事務局員とパートを約15名雇用し、少しずつ利益を生み出すことに成功している。

いきなり大量の学生を受け入れることは出来ないだろうが、出来る人数から始めて、他の組織にも理解を求めながら事業拡大を図っていこうと考えている。とりあえず、来る第2回B1グランプリ終了後、静岡大学で講座を設けさせていただくのを機に上記プロジェクトを始動させようと考えている。

ここで重要なことは、たとえ規模は小さくとも最初から国や県などの補助金をあてにするのではなく、地元で生み出した資金をもとに動き出すことであり、それが「富士宮方式」として持続発展させていくことにつながるものであると思っている。

現在、地方自治体のまちづくりにおいて求められることは、産物の「地産地消」も勿論重要だが、その活性化策を生み出す過程において、外部へ莫大な経費を支払って委託するのではなく、地元住民自らで考え、その考えを地元で自ら活かすことなのではないだろうか？私はそれを、「知産知消」と呼んでおこう。

(8) 麵（黙）示録?:~「お好み焼きは何処へ?:」

富士宮の住民に訊くと、「ヤキソバばかり話題になっているけど、我々が昔から食べていたのはどちらかと言うとお好み焼きが主流だった」という返事が返ってくることがある。食べ物の系譜から見れば、現在富士宮で提供されているような鉄板で焼くソースヤキソバの類は、大陸から伝わったヤキソバ＝炒麵（チャーメンchow mein）とは別の流れがあると思われ、少なくともそれは昭和の時代での話である。

それに対してお好み焼きは、非常に由緒正しき？　系譜がある。安土桃山時代に千利休が、茶懐石用に作らせた「麩の焼き（ふのやき）」がその祖形だと言われている。千利休が考案したと聞くと、あの駄菓子屋で焼かれているお好み焼きも急に格調高いものに感じてしまったりするので面白い。小麦粉を水で溶き、焼き鍋の上に薄く延ばし、最中の皮のように仕上げ、味噌を塗りグルグル巻きにしたものである。その後、味噌の代わりに餡を使ったものなどが開発され、大正以降になるとソース（ウスターソース）を使った「一銭洋食」というようなものが生まれる。上述の「麩の焼き」と同じく小麦粉を水で溶いたものを、油をしいた鉄板の上で焼き、刻みネギなどを乗せソースをかけて食べるものだ。これが、現存のお好み焼きの原型ではないかと思われるのだが、やきそばも中華料理店で提供されるものではなく、駄菓子屋を中心とした鉄板で焼かれるものはこの「一銭洋食」の流れを汲むものであると考えられる。

そして富士宮においても一銭洋食風のお好み焼きが最初に伝えられ、どうせ同じ鉄板を使って出来ることだからやきそばもソースヤキソバにしてみようということになったのではないかと推測される。であるから、ヤキソバよりもお好み焼きのほうが歴史と伝統のある食材なのである。富士宮においても、お好み焼きのレシピは沢山考案され中でも「しぐれ焼き」は、お好み焼きの上にヤキソバを乗せるというもので、「一度で二度おいしい」ものとして長年地元で愛され続けている。

なのに何故、お好み焼きが先なのにあえてヤキソバなのか？　それは、前述したように他地域と差別化するためにはお好み焼きよりもヤキソバの方がわかりやすい特徴があった（蒸し麵、肉カス、だし粉等）から、戦略的にヤキソバを地域活性化の素材として選んだ訳で、仮にお客がやきそばで訪問してくれたとしても、不可分な存在であるお好み焼きにも遅かれ早かれ目が行くであろうとは考えていた。実際今では、人によってはヤキソバよりお好み焼きを食べに再訪するというお客も増えている。また、店によっては客に命令する店もある。「ヤキソバよりお好み焼きを食べなさい！」と。

何年か先にはいつの間にか富士宮が「ヤキソバのまち」ではなく「お好み焼きのまち」と呼ばれている可能性もないとは言えないのである。

8．福麵書〜「天国編」

暁子（あきこ）さんは居た。焼子（やきこ）さんではない。やきそばを焼くために生まれてきたような名前、富士宮やきそば学会のオリジナルG麵、誰よりもやきそば学会が好きだった佐野暁子さん。誰よりもヤキソバに相応しい（はっきり言って痩せてはいない）体型で、誰よりも私のオヤジギャグを理解してくれ、誰よりも率先してボランティアに汗を流し、一緒に飲みに行っても愚痴っぽい発言が一切なく、いつも明るく笑顔を絶やさなかった暁子さ

看板娘の佐野暁子さん

ん。「富士宮やきそば公式ガイドブック」が発行されたとき、各ページの端にヤキソバを焼くヘラを持った暁子さんのパラパラマンガが掲載されたことがその楽しく明るい存在感の証しであり、ボランティアの目指す資質を自然に備えていた暁子さん、正に富士宮やきそば学会の看板娘（おばちゃん）だ。

　その暁子さんが昨年5月志半ばにしてこの世を去った。参列した友人の数の多さが余計に悲しみを増す葬儀だった。

　最後に一緒だった北海道旅行、自慢の体は愕くほど痩せて、「ヤキソバ焼き過ぎてダイエットしちゃった！」と笑いながら言っていた暁子さん。上川支庁からの依頼で暁子さん、稲葉美津江さんと私の3人で空路旭川の地へ。このとき既に暁子さんの体には異変が起きていたのだった。誰よりも元気なはずの暁子さんが皆より先に休んだ。それでもつらい素振りなど一切見せずにヤキソバを焼き続けてくれた暁子さん。アンテナショップ開店当時、暁子さんなくしては運営は立ち行かず、どんなに忙しくても自分から休もうとしなかった暁子さん。「富士宮やきそば学会」の順調な発展の陰に暁子さんの献身があったこと、「富士宮やきそば」の地域ブランド化に暁子さんの存在が欠かせなかったことを忘れない。今この地域に生きるすべての人々に暁子さんの地域を愛するボランティア精神の恵みがもたらされ、富士宮がどこよりも「明るい豊かなまち」となることを願い、ここに感謝の気持ちを表する次第である。

佐野暁子さんのご冥福を心からお祈り申し上げます。

初めに言（ことば）があった。言は神と共にあった。言は神であった。この言は初めに神と共にあった。すべてのものは、これによってできた。できたもののうち、一つとしてこれによらないものはなかった。この言に命があった。そしてこの命は人の光であった。光はやみの中に輝いている。そして、やみはこれに勝たなかった。

（ヨハネによる福音書より）

補考　「富士宮やきそば」から「愛Bリーグ」に至る「感性価値創造」に関する一考察

平成19年5月、経済産業省は、人口減少、少子高齢化の状況下にあっても経済・社会の活力ある発展を目指すために、感性という新たな着眼点からの価値軸（第四の価値軸）の提案を行う「感性価値創造イニシアティブ」を策定した。

同省によれば、「感性価値」とは、「生活者の感性に働きかけ、感動や共感を得ることによって顕在化する価値」と定義付けされている。これまでの日本は、ひたすら「機能、信頼性、コスト」といった要素を追求した「ものづくり」に励んできた結果、「ものづくり大国」と呼ばれる社会を築き上げたが、１９９０年代から中国など近隣諸国の追撃により構造変化に直面したのである。我が国における産業競争力を維持・向上させていくためには、「＋αの価値」を生活者に提供しなければならず、この「＋αの価値」とは、作り手のこだわり、趣味、遊び、美意識、コンセプトなどが、ストーリーやメッセージをもって「可視化」し「物語」化することにより、生活者に「感動」「共感」を持って受け止められる価値のことであり、この「＋αの価値」を「感性価値」と呼ぶのである。

簡単に言うと、これからは「いいものだから売れる」時代ではなく、優れた技術力を持ちながらも、作り手の手間やこだわり、時間などに消費者が共感し、それに価値を見出さなければ売れないということなのである。

これは、商品やサービスの「機能、信頼性、コスト」至上主義から、そこに関わる「人」に目が向き始めており、「ものづくり」のレベルにおいて近隣諸国を凌駕することにより外貨獲得型の大きな産業化を目指すだけでなく、地域の小さな資源を見つめなおし、地域の人々が生きがいを感じる地域ビジネス的なものへ視点が動いていると言うことができる。

もちろん、すべての消費者がそのような「こだわり」等の「付加価値」を購買の動機とするとは思えないが、少なくとも自分自身に置き換えてみれば、「見た目」や「性能」が同じでも、そこに曰く因縁、ストーリー性があるものの方を選ぶ傾向があるように思える。それはやはり、日本という成熟社会の特徴と呼ぶべきものであろう。そして「食」の世界においても、社会的には大きな問題ではあるが、「飽食の時代」と言われ、今ではあまねく全国で食べることのできる高級食材よりも、地域独特の食材や料理に新たな価値を見出し始めている消費者は少なくないと言える。それが如実に実感出来たのが「第2回B－1グランプリ」

（２００７．６．２〜3、富士宮市にて開催）であった。２日間で富士宮市の人口の約２倍＝25万人の集客があり、10万人程度の集客しか見込んでいなかった開催地実行委員会はその収拾に翻弄された。言い換えれば、この「B―１グランプリ」という企画が多くの消費者の感性に訴え、共感を生んだ結果だとも言える。後日談だが、この成果が評価され、社団法人日本イベント産業振興協会が主催する「２００７年度日本イベント大賞」の「制作賞」（八戸せんべい汁研究所との共同）を受賞することになる（富士宮やきそば学会はさらに同年、地方自治法施行60周年記念大会で、地方自治への功労を評価され、総務大臣表彰も受けている）。

さて、これまで我々は２０００年に富士宮やきそば学会を組織し、２００７年までに２００億円以上の経済波及効果を出し（富士宮商工会議所調査）、年間60万人もの新たな観光客層を生み出した。遡って考えてみると、それはひたすら「富士宮」の「やきそば」というものから、「の」という格助詞を取り去り、感性価値を付加することによって「富士宮やきそば」という地域ブランドを創り上げたと言えるのではないだろうか？

何故なら、「モノ」としての「富士宮」の「やきそば」は戦後からずっと「素材」、「レシピ」共にほとんど変わることなく存在しており、「富士宮やきそば学会」の活動は、素材の改良やレシピの工夫などではなく、その存在を様々な取り組みにより、消費者に対しメディアを通して「価値」あるものとして発信することであったからである。

そして、何故その情報発信が効率よく運んだのかといえば、富士宮の「やきそば」そのものに、地域の歴史や作り手のこだわりに支えられた「希少性」という要素があったことはもちろんだが、「話題性」や「物語性」を様々なエピソードを通して付加したからに他ならない。

「話題性」や「物語性」の付加とは、「感性価値創造」そのものである。そこに存在しているのは単なる「やきそば」ではない。終戦直後という特殊な食糧事情を背景に、廃物利用とも言えるレシピ（肉カスやだし粉の使用）を頑なに守り続けることにより、他地域にはない独自な「やきそば」が生まれた。その「やきそば」は「駄菓子屋」というこれまた特殊な環境を中心に普及したことにより、富士宮市民はものごころつく頃から親しむことになり、「少年・少女時代の思い出」という要素が加味され、「富士宮やきそば」の「物語性」が高まるという効果を生み出している。

この「物語」を確立したのも「富士宮やきそば学会」なのであるが、学会の主たる活動は、この「富士宮やきそば物語」を「話題性」を伴って発信すること、言い換えれば「パブリック・リレーション」＝「広報・宣伝活動」である。ネーミングやコピーにこだわり、「富士宮やきそば学会」、「やきそばG麺」、「ミッション麺ポッシブル」、「三者麺談&三国同麺協定」、「麺財符」、「麺許皆伝」、「激香夏麺」など、様々な言葉の加工により、マスコミや消費者の感性に訴える活動を続けてきたのである。

誰しも考えてみれば分かることだが、「物語性」も「話題性」も「言葉の力」によって生み出され伝わるものであり、「モノ」として存在していることとは全く違う次元であり、そこで「感性価値」を伴った「地域ブランド」の確立ということが初めて可能になるのである。一橋大学大学院の古川一郎教授は、『「B級グルメ」の地域ブランド戦略』（新評論）の中で、次のように述べている。

「モノとしての富士宮のやきそばの独自性と、ブランドとしての「富士宮やきそば」は別物である。もちろん、モノとしてストーリーが語れるユニークな富士宮のやきそばがなければ話は始まらない。しかし、ブランドとしての富士宮やきそばが誕生し、多くの人びとの記憶に強く残るユニークなブランドになるまでには、インパクトのある多くのエピソードの蓄積が必要となる。

ブランドとしての富士宮やきそばが誕生したのは、２０００年11月29日のことである。当時、町の活性化のアイデアを考えていた渡辺英彦氏が、NHKの取材に対して、とっさに、「富士宮にはやきそば学会というものがあり、G麺（テレビ番組「Gメン75」をもじったもの）と呼ばれる人びとが日夜調査・研究しています」というホラを吹いたことで、「富士宮やきそば」が誕生することとなる。「富士宮やきそば学会」という魔法の呪文が、人びとの関心を惹きつけ、人びとが富士宮やきそばを食べるために集まり、知名度が上がりにぎやかになる。それにつれて、ブランドづくりの活動もますます活発になり、そのことが余計にメディアの取材を誘発する。このようなポジティブ・フィードバックが働くことで、以下に述べるような出来事が次から次へと引き起こされ、認知率の向上やブランドイメージの形成が加速度的に進んでいったのである。」

しかし、残念ながら「話題性」というものは、そこに新たな要素を加味しなければやがて飽きられ、消滅する運命にある。メディアが同じ内容のものを繰り返し取り上げることがないことがその大きな理由である。つまり、「話題性」を維持させるには、絶えず新しい要素を加味し続けなければならないということであり、「富士宮やきそば学会」という一団体の力だけでは非常に難しいと言える。

そこで、全国に存在している未だ知られていない「物語」、それも非常に消費者の「感性」

に訴えやすい「ご当地食」というものにスポットを当て、ネットワーク化することにより、情報交換や地域間交流を通して有機的かつ半永久的に「話題性」を確保していくための組織が「愛Bリーグ」＝「B級ご当地グルメでまちおこし団体連絡協議会」である。「B級」というのは、「Aより劣るB」という意味ではない。あくまでも、その地域で守り育てられてきた「秘伝の裏技」といったもので、メジャーなものではないだけに、消費者の感性に訴えることに成功すれば無限の可能性を秘めている。私は以前から「B級ご当地グルメ」はレコードのB面みたいなもので、時にはA面を上回るヒット曲になる可能性があると主張している。「Bのポテンシャリティー」とでも呼べるようなものが、「ものづくり社会」の時代に振り向かれることなくそれぞれの地域に蓄積され、「物語性」を伴う人の「感性」が重視される時代になり、それが「地域の自立」、「地域活性化」という社会のニーズと結び付くことによって、「地域ブランドづくり」という時代の潮流とも言えるムーヴメントを生み出したのである。そのムーヴメントを底上げし、継続的に牽引していく役割を担うのが「愛Bリーグ」であって欲しいと願っている。前出の古川教授の言葉を借りるならば、「愛Bリーグ」が「魔法の呪文」として機能していくことを期待したいものである。

今年は、第3回B—1グランプリが九州の久留米で開催されることになっている。第2回の富士宮大会には全国から21団体が参加し25万人の集客があったが、久留米大会には恐らく30団体前後のエントリーがあることが予測され、ますます運営が大変になることを踏まえて、B―1グランプリの運営を主たる業務とする法人＝「B級ご当地グルメネットワークス株式会社」が、八戸せんべい汁研究所スタッフを中心に設立され、私も顧問として参画することとなった。

「愛Bリーグ」はあくまでも「食による地域活性化」を目指す団体である。「B級ご当地グルメ」がブームだからといって、ビジネス上の利益のみを目的とする企業や団体などには入会を認めていない。自分の住んでいる地域を豊かにしたいという目的意識を持ち、遊び心を忘れずに活動することを理念としているが、この「遊び心」というのも「感性をもって活動する姿勢」とでも言い換えてみたい。加盟団体がおのおの「話題性」につながる「感性」に磨きをかけることで、「持続的」に「地域ブランド」を守っていく、その好循環が「成熟社会」における「地方の時代」を築いていくのである。「愛Bリーグ」はまさに「B級ご当地グルメ」の「感性価値創造団体」であると位置づけることができるのだ。

これまでの「富士宮やきそば学会」をはじめとする「愛Bリーグ」加盟団体によって次々に「B級ご当地グルメのブランド化」＝「感性価値創造」が全国的に展開されてきた。まだまだ、途上にある団体もあるが、「富士宮やきそば」のように既に代表的な「地域ブランド」と呼べるものに育っているものもあり、「ブランドの確立」よりも「ブランドの管理」の方が大きな課題になってきているものもある。せっかくブランドづくりが上手く進み出し、その地域に外部から人を呼び込むことに成功しても、目先の儲け主義から商品やサービスの質を低下させ、リピーターを失うと、ブランド力の喪失も時間の問題となる。「ブランドの確立」と「感性価値創造」とはほぼ同義であると考えるならば、人の「感性」に訴えなくなったときに、「ブランド」は喪失するということになる。ブランドを喪失しないためには、地域住民の総合力を持って「ブランドの維持」に努めるしかない。業界が品質維持に努めるのはもちろんのこと、行政や住民も「ホスピタリティー」という付加価値＝感性価値をもって持続的に外部の人の感性に訴え続けることにより、地域ブランドは維持されていくことになる。その為には「教育」＝「人材育成」が欠かせないものであることから、今後の活動の軸はその方向にシフトしていくことになるだろう。

随分雑駁になってしまったが、最後に私が最近ネーミングにおける「物語性」が「感性価値」を高め、効果的ブランド構築につながっている事例を発見したエピソードを紹介してまとめとしたい。

先日、作家の村松友視先生から近著である短編集『武蔵野倶楽部』をいただいた。先生には富士宮市主催事業の審査員をしていただいていることから、過去に何度か宴席で同席しており、ありきたりの宴会は退屈だろうと勝手に私が判断し、夜の富士宮を何度か案内させていただいたこともあり、こちら側から一方的に旧知の一人と思っている。

一方的なのだから黙っていても著書を送ってよこすほど親しい間柄であるわけもなく、こちらから「富士宮やきそばセット」と清酒「だいびんじょう」を差し上げたお礼という名目付きである。

(注)「だいびんじょう」は、私が地元富士宮の酒蔵、富士高砂酒造㈱に提案して製造した「富士宮やきそば」に合う「辛口端麗な」酒で、やきそばブームに便乗して売り出そうという意味を込めて「だいびんじょう」と命名した。

「大人の時間」というものを、相変わらずおしゃれで心地よい表現で描いており、見た目の差の方が大きな問題であることくらい分かっているつもりだが、年齢の重ね方の上手さは是非とも見習いたいところである。

さて、その『武蔵野倶楽部』の中に「キリストの涙」という短編があるのだが、このタイトルに興味をそそられた私は、この作品から読み始めてみることにした。モチーフになっているのが「キリストの涙」、イタリア語で「ラクリマ・クリスティ」というワインの名前なのである。

この「ラクリマ・クリスティ」は、イタリアのカンパーニャ州のヴェスヴィオ火山の近くでつくられており、こんな名前の由来があるのだそうだ。むかし、神によって天国から追放された大天使サタンが、天国の土地を一部盗んで逃げた。サタンは、その盗んだ土地を地上に落としてしまい、その土地がのちにナポリになった。ところがサタンが盗んだ土地に住んだ人々は、悪徳の限りをつくした。天上からその様子を見ていたキリストは、悲しみのあまり涙をこぼした。すると、その涙が落ちた土地から、一本のブドウが生えてきて、すばらしいワインを生み出すようになった。この伝説が、ラクリマ・クリスティというワインの由来だという。

この伝説にはさらに続編がある。19世紀にナポリを訪れた文豪ゲーテがラクリマ・クリスティに出会い、「キリストは何故ドイツに涙をこぼしてはくれなかったのか」と言ったというものだ。

キリスト＋ゲーテである。ラクリマ・クリスティが実は「ファウスト」の執筆に影響を与えていたかもしれないなどという庶民的な想像もしてしまいそうである。

感化されやすい私は早速このラクリマ・クリスティをインターネットの通販で取り寄せてみた。切れ味は良いが決して薄い感じもなく、程よい酸味でとても飲みやすいワインである。ボトルも大変お洒落で、シックなデザインは店のインテリアとしても活用できそうだ。妻と二人でボトルを開けたのだが、一人でほとんど飲んでしまったのだった。ワインの飲みやすさも確かに飲みすぎの理由の一つではあるが、私はそのストーリー性にやられてしまったのだった。

ワインとしての質や希少性などに関して言えば、そう特別秀でているというわけではないと思う。一本2000円以下で購入出来、値段もリーズナブルで我々の言葉で表現するなら「B級ご当地飲料」といったところだが、私の感性にはD．O．C．G．のワインと同等くらい訴えかけるものがあったのである。

（注）D．O．C．G．とはイタリアワインの格付けで最高ランクのものをさす。Denominazione di Origine Controllata e Garantita 統制保証付原産地呼称ワインの略で、代表的な銘柄に「バローロ」、「バルバレスコ」、「キャンティ」、「キャンティ・クラシコ」、「ブルネロ・ディ・モンタルチーノ」などがある。

これは、明らかに「物語性」を伴った「感性価値創造」によるブランド構築の成功事例であろう。しかし、このあまりにも芸術的な物語もここのところ新聞紙上を賑わしているナポリのゴミ処理場の停止問題の状況を知るにつけ、ゴミだらけの町でボトリングされているラクリマ・クリスティを天上でキリストが見たならば「二度目の涙」をナポリに落とすのではないだろうか。

人の「感性」というものはデリケートなものだ。一度確立されたブランドだからといって何が災いしてブランド力を喪失するかわからないのである。願わくば、「愛Bリーグ」加盟団体の地域にはキリストが涙を落とすことなく、住民も訪問者も笑顔の絶えない「ご当地」であって欲しいものだ。

あとがき「麵は異なもの」

私には「影麵（武）者？」と呼ばれている「やきそばG麵」がいる。現職は富士宮市くらしの相談課課長、彼の奥さんは某国家公務員なのだが、私がテレビに出ていると、職場の仲間から「お宅の旦那さんがまた出演していたね！」と言われるのだそうだ。最初のうちは、「あれは主人じゃなくて、主人と一緒に活動しているやきそば学会の会長で…」とその都度説明していたが、最近あまりに回数が多くなり面倒になってきた為、敢えて否定しなくなったらしい。今では彼女の職場の同僚の大半は私が彼女の夫であると思っており、彼女も最近どちらが本当の夫なのか時々迷うようになってしまった…、などということはないし、あってはいけない。

彼の名前は渡辺孝秀（たかひで）、私は渡辺英彦（ひでひこ）、どちらもメガネをかけているので見た目も紛らわしく、やきそば学会設立以来、運営専務としてずっと私と共に活動しているので、メディア等にも一緒に出ることが多い。彼の娘は渡辺彩さんといい、私の娘も渡辺彩という。向こうは「みどり」さんと読み、うちは「あや」である。先日「みどり」さんの結婚式があったのだが、うちの結婚式だと勘違いした人が何人もいたという家族中で紛らわしい関係なのである。そのくらい公私共に交錯した関係なのだが、時間外も休日も労力を惜しまない彼のサポートなくしては現在の「富士宮やきそば学会」と「NPO法人まちづくりトップランナーふじのみや本舗」は無いと言って良い。

なんだ、「富士宮やきそば学会」は行政の予算を全く使わないと言いながら、行政職員を使っているのだから結果的に予算を使っているのと同じではないかと思われる方もあろう。

確かにそのように考えることも出来る。しかし勘違いしてもらっては困るのだが、本来他の事業に使うべき行政予算、時間や労力を犠牲にしてやきそば学会の活動をしているのではない。それどころか、観光、広報、フードバレー等、行政の他の分野に対し、予算は使わずとも大きな波及効果を出しているのだ。自分の与えられた業務だけを消化作業的にこなしている人間や、目先の金銭欲や名誉欲に目が眩んでいる人間には理解出来ないことかもしれない。中身のない形だけの行政と市民の協働＝コラボレーション事業はいくらでもあるが、我々が行ってきたのは実態と実績を伴う真の協働事業であると自負している。アメリカの心理学者エイブラハム・マズローの説を引き合いに出すまでもないが、自分の欲求段階のステージアップと地域貢献が連動することが出来れば、これ以上の自己実現の形態はないと思っている。

今までの富士宮やきそば学会の活動を通して故佐野暁子さんを始めとする「オリジナルやきそばG麺」の麺々？　をはじめ大変多くの出会いがあった。まさに「人の麺（縁）とは不思議なもの」、「麺（縁）は異なもの」だと思う。ご理解、ご協力をいただいたすべての人を紹介し、お礼を述べたいのだが、膨大な数になってしまい、どこかで線を引くことが出来ないので大変失礼だと思うが個々の紹介は控えさせていただきたい。麺々？　と続いてしまうのだ。これからもそれらの出会いに感謝し、次々出現する課題に対し前向きに取り組んでいきたいと思っている。

最後に、私がほとんど毎日のように出掛けている間、家業を支えて頑張ってくれた両親とスタッフ、そして一番の理解者である妻に対しこの場を借りて感謝したい～「これからもこの活動は続けていくからよろしく！」というメッセージを込めて……？


〈解説〉

「マズローの自己実現理論」

アメリカの心理学者：エイブラハム・マズローは「人間は自己実現に向かって絶えず成長する生き物である」と仮定し、人間の欲求を5段階の階層で理論化した。第一の欲求は「生理的欲求」即ち、人間が生きる為に最低限必要な衣食住や性欲といった根源的な欲求である。この根源的欲求が満たされると次に現れるのが第二の欲求‥「安全の欲求」である。より危険の少ない生活を望むのは人間として当然のことだ。これら二つの欲求が満たされると、次には第三の欲求である、他人と関わりたい、他者と同じようにしたいといった集団帰属の欲求‥「親和（所属愛）の欲求」が来る。更に親和の欲求が満たされると第四の欲求‥「自我（自尊）の欲求」即ち、自分が集団から価値ある存在と認められ、尊敬されることを求める認知欲求が現れる。そして、人間として最終的欲求である第五の欲求が「自己実現の欲求」‥自分の能力、可能性を発揮し、創造的活動や自己の成長を図りたいと思う欲求である。この第五段階に至る人は非常に稀であり、自己実現した人間は正確で客観的な判断が出来、自己も他者も受容し、自然な態度で自発性、自立性があり、心理的に自由な人間になるとマズローは言う。

〈主要参考文献〉

・石毛直道：「文化麵類学ことはじめ」講談社　1995年
・サミュエル・ハンチントン：「文明の衝突」集英社　1998年
・ポール・ジョンソン：「ルネサンスを生きた人々」講談社　2006年
・フランク・ゴーブル：「マズローの心理学」産能大出版　1972年
・ピエトロ・エマヌエーレ：「この哲学者を見よ」中央公論社　2005年
・田尾和俊：「恐るべきさぬきうどん」ホットカプセル　1994年
・安田輝男：「あのネーミングはすごかった！」中経出版　2003年
・岡田哲：「食べ物起源事典」東京堂出版　2003年
・㈱博報堂　地ブランドプロジェクト：「地ブランド」弘文堂　2006年
・岩永嘉弘：「すべてはネーミング」光文社　2002年
・横井恵子：「ネーミング発想法」日本経済新聞社　2002年
・木通隆行：「ネーミングの極意」筑摩書房　2004年
・「聖書」日本聖書協会　1982年
・関満博・古川一郎：「「B級グルメ」の地域ブランド戦略」新評論　2008年
・村松友視：「武蔵野倶楽部」文芸春秋社　2007年

渡辺　英彦（わたなべ・ひでひこ）
1959年（昭和34年）、富士宮市生まれ。国際基督教大学教養学部語学科卒。外資系損保勤務後、富士宮市に戻る。97年社団法人富士宮青年会議所理事長。(有)インシュアランスブレイン代表取締役、ＮＰＯ法人まちづくりトップランナーふじのみや本舗代表理事、富士宮やきそば学会会長、Ｂ級ご当地グルメで街おこし団体連絡協議会（愛Ｂリーグ）会長、静岡大学非常勤講師、富士常葉大学非常勤講師。富士宮市中心市街地活性化計画策定委員、富士宮市フードバレー構想推進協議会副会長などを務めまちづくりに協力。全国からの視察団体に対しての講演を含めると10年間で約1000回を超える講演とコメンテーターを務めた。

ヤ・キ・ソ・バ・イ・ブ・ル　面白くて役に立つ まちづくりの聖書

静新新書　011

2007年５月30日初版発行
2007年６月11日初版２刷発行
2008年４月17日第２版発行
2014年９月26日第２版４刷発行

著　者／渡辺　英彦
発行者／松井　　純
発行所／静岡新聞社
〒422-8033　静岡市駿河区登呂3-1-1
電話　054-284-1666

印刷・製本　図書印刷
・定価はカバーに表示してあります
・落丁本、乱丁本はお取替えいたします

ISBN978-4-7838-0333-1 C1236